영어시험 만점받는
초등영어 학습영단어 1700

지은이 김주영

지은이는 학생들이 '선생님, 영어가 정말 재미있어요!'라는 말이 제일 듣기 좋다는 똑부러지는 선생님이다. 주입식 영어교육은 이제 그만! 어린이들이 쉽고 재미있게 영어를 배울 수는 없을까? 어떻게 하면 영어에 흥미를 가질 수 있을까? 매일이 고민인 영어 선생님이자 열혈 엄마로서, 재미없는 수동적 영어 공부가 아닌 다양한 자료를 활용한 능동적이고 재미있는 영어 학습서 개발에 힘쓰고 있다.

저서
영어시험 만점받는 초등 영단어 1000
영어시험 만점받는 초등 영단어 사전
영어시험 만점받는 초등 영어일기 패턴
영어시험 만점받는 초등영어 스피킹 패턴

영어시험 만점받는
초등영어 학습영단어 1700

2025년 1월 10일 초판 1쇄 인쇄
2025년 1월 15일 초판 1쇄 발행

지은이 김주영
발행인 손건
편집기획 김상배, 장수경
마케팅 최관호
디자인 이정수
제작 최승용
인쇄 선경프린테크

발행처 *LanCom* 랭컴
주소 서울시 영등포구 영신로34길 19, 3층
등록번호 제 312-2006-00060호
전화 02) 2636-0895
팩스 02) 2636-0896
홈페이지 www.lancom.co.kr
이메일 elancom@naver.com

ⓒ 랭컴 2025
ISBN 979-11-7142-074-2 13740

영어시험 만점받는

초등영어

김주영 지음

학습영단어
1700

LanCom
Language & Communication

이 책은 이렇게 구성되었어요...

모든 외국어는 단어에서 비롯되죠. 하나의 단어에서 영어 학습의 문이 무한대로 열리는 거예요. 이 때 가장 필요한 것이 사전이죠. 그러나 대부분의 사전은 한정된 지면에 많은 내용을 담기 때문에 보기 힘들고, 찾아보기 어렵다는 문제가 있어요. 또한 자세한 어구 해설이나 문법 설명 등이 들어 있어도 학습자에게는 오히려 단어 그 자체의 뜻을 알기 어려운 법이죠. 이 책은 교육부에서 지정한 초등학교 필수 영단어 800(+59)개와 중학생이 되기 전에 알아두면 우등생이 될 수 있는 영단어 848개의 표제어를 초등학생의 입장을 고려하여 바로바로 찾아 공부할 수 있도록 다음과 같이 꾸몄어요.

✽ 표제어

표제어는 한눈에 찾아보기 쉽도록 크고 굵은 볼드체로 표기하고 알파벳순으로 배열했어요. 단, 교육부가 지정한 초등학교 필수 영단어 **800**(+55)개는 파란색 볼드체로 표시하고, 나머지 중학교에 들어가지 전에 알아두면 좋은 영단어는 **845**개는 검정색 볼드체로 구분했어요.

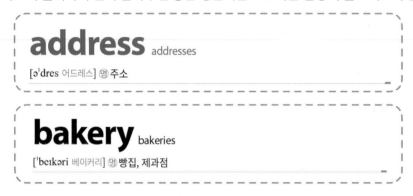

✽ 어형 변화

표제어가 명사인 경우는 복수형을, 동사인 경우는 과거형, 과거분사형, 현재분사형, 3인칭단수현재형을 표제어 뒤에 작은 볼드체로 표시해두었어요.

✽ 발음

모든 표제어와 관련된 단어에는 미국식 발음만을 제공하는 것을 원칙으로 하여 요즘 쓰이는 새로운 발음기호로 표기했어요. 영어 발음을 그대로 한글로 표기하는 것은 매우 어려운 일이죠. 하지만 발음기호를 잘 모르는 학생들을 위해 읽기 쉽게 한글로 표기했어요. 물론 QR코드를 스캔하면 즉석에서 원어민이 녹음한 음성으로 정확한 발음을 확인할 수 있죠.

✹ 어법 포인트

자연스럽고 상황에 맞는 언어 구사를 위해서 알아야 할 문법적인 지식을 간략하게 소개하였으며, 제시어에 관련된 단어의 용법과 뉘앙스를 학생들이 헷갈리지 않도록 이해하기 쉬운 표현으로 설명을 두었어요.

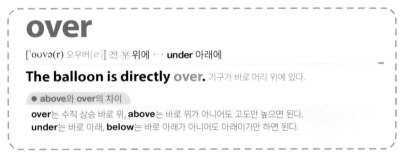

✹ 예문

단어의 중심적인 뜻은 예문을 통해서 외워야 효과적이죠. 단어는 보통 두 가지 이상의 뜻을 가지고 있으므로 중심적인 뜻만 우선 암기하면 돼요. 따라서 단어가 지닌 모든 뜻을 암기하는 데 시간을 낭비할 필요가 없죠. 단어의 가장 핵심적인 뜻과 간편하면서도 활용도가 높은 예문을 선정하였으니 이것만 성실하게 익힌다면 기본이 탄탄한 단어 실력으로 초등영어에 대한 자신감을 심어줄 거예요. 예문에서 제시어는 별색으로 표시해두었어요.

★ 일러스트

단어의 의미를 좀 더 정확하게 이해할 수 있도록 유익한 일러스트로 보여 주고 있어요. 일러스트와 사진은 그 단어를 오랜 시간 기억하는 데 도움을 주고 학생들의 흥미를 불러일으킴과 동시에 학습 동기를 갖게 해요.

★ 주제별 단어

영단어를 익히면서 흥미를 돋우고 지루하지 않도록 제시어에 관련된 단어를 주제별로 수록하여 그림과 함께 단어를 즐겁게 공부할 수 있어요.

❈ 일러두기

dad dads

[dæd 대드] 몡 아빠, 아버지 = daddy, father ↔ mom 엄마

This man is Jenny's dad. 이 남자는 제니의 아빠예요.

↔ 반대어	= 동의어	몡 명사	団 대명사	관 관사
동 동사	혱 형용사	閂 부사	쩐 전치사	쩝 접속사
캄 감탄사	옉 의문사	丕 소동사		

📢 차례 Contents

🔊 알파벳과 단어 읽는 법

ㄱ + ㅐ → 개
[기역　애]　　　　[개]

d + o + g → dog
[디　오우　쥐:]　　　[독]

우리말에 '개'를 '기역, 애'라고 따로 떼어서 읽지 않듯이 영어에서도 dog를 '디, 오우, 쥐:'라고 읽지 않고 '독'이라고 읽어요.

알파벳은 '소리'를 나타내는 문자이죠. 그러므로 '문자 그 자체'를 읽는 것이 아니라, 그 문자가 '단어의 일부 되었을 때 읽는 법'을 아는 것이 매우 중요해요. 즉, 우리말에서 ㄱ, ㄴ, ㄷ, ㄹ... 등의 자음과 ㅏ, ㅑ, ㅓ, ㅕ, ㅗ, ㅛ... 등의 모음이 합쳐져 하나의 음절을 이루고, 그 음절이 모여 단어가 되듯이 영어도 위의 예처럼 마찬가지죠.

✤ 모음

A a [애/에이/아]	E e [에/이:/어]	I i [이/아이/어]	O o [오/오우/아]	U u [어/유:/우]
ant [ænt 앤트] 개미	**pen** [pen 펜] 펜	**kid** [kɪd 키드] 아이	**oil** [ɔɪl 오일] 기름	**bus** [bʌs 버스] 버스
game [geɪm 게임] 게임	**she** [ʃiː 쉬:] 그녀	**ice** [aɪs 아이스] 얼음	**note** [noʊt 노우트] 공책	**tube** [tuːb 튜:브] 튜브
car [kɑː(r) 카:(ㄹ)] 자동차	**cover** [ˈkʌvə(r) 커버(ㄹ)] 덮개	**bird** [bɜːrd 버:ㄹ드] 새	**top** [tɑːp 타:압] 정상	**bull** [bʊl 불] 황소

✹ 자음

B b	**b**oy [bɔɪ 보이] 소년	C c	**c**amp [kæmp 캠프] 야영지	D d	**d**ad [dæd 대드] 아빠
F f	**f**ish [fɪʃ 퓌쉬] 물고기	G g	**g**ift [gɪft 기프트] 선물	H h	**h**ill [hɪl 힐] 언덕
J j	**j**elly [dʒeli 젤리] 젤리	K k	**k**ing [kɪŋ 킹] 왕	L l	**l**ion ['laɪən 라이언] 사자
M m	**m**oney ['mʌni 머니] 돈	N n	**n**ame [neɪm 네임] 이름	P p	**p**ig [pɪg 피그] 돼지
Q q	**q**uiz [kwɪz 퀴즈] 퀴즈	R r	**r**ain [reɪn 레인] 비	S s	**s**un [sʌn 썬] 태양
T t	**t**iger ['taɪgə(r) 타이거(ㄹ)] 호랑이	V v	**v**ase [veɪs 붸이스] 꽃병	W w	**w**indow ['wɪndoʊ 윈도우] 창문
X x	bo**x** [bɑːks] 바ː악스] 박스	Y y	**y**ellow ['jeloʊ 옐로우] 노랑	Z z	**z**oo [zuː 주ː] 동물원

👉 다음 알파벳은 위의 소릿값과 다르게 읽는 경우도 있어요.

C c	**c**ity ['sɪti 씨티] 도시	G g	oran**g**e ['ɑrɪndʒ 아린쥐] 오렌지	S s	ro**s**e [roʊz 로ː즈] 장미

🔺 자음을 나타내는 발음기호 Consonant

단어를 읽기 위해서는 일정한 발음 규칙이 필요한데, 이것을 기호로 나타낸 것이 발음기호라고
해요. 발음기호는 괄호[ ] 안에 표기를 하며 이러한 발음기호가 어떤 소리를 내는지 알면 단어
를 정확하게 읽을 수 있죠.

자음(Consonant)이란 발음을 할 때 공기가 혀나 입, 입술, 입천장 등에 부딪히며 나는 소리를
말해요. 자음은 **k, p, t**처럼 성대가 울리지 않는 무성음과 **b, d, g**와 같이 성대가 울리는 유성음
으로 구성되어 있어요.

✿ 자음을 나타내는 발음기호

[b] [브]	[d] [드]	[f] [프]	[g] [그]
book [bʊk 북] 책	**d**ream [driːm 드리ː임] 꿈	**f**ace [feɪs 페이스] 얼굴	**g**irl [gɜːrl 거ː ㄹ얼] 소녀
[h] [흐]	[k] [크]	[l] [르]	[m] [므]
hair [heə(r) 헤어(ㄹ)] 머리카락	**k**ing [kɪŋ 킹] 왕	**l**ion [ˈlaɪən 라이언] 사자	**m**ail [meɪl 메일] 편지
[n] [느]	[p] [프]	[r] [르]	[s] [스]
nose [noʊz 노우즈] 코	**p**ig [pɪg 피그] 돼지	**r**ose [roʊz 로우즈] 장미	**s**mile [smaɪl 스마일] 웃음, 미소

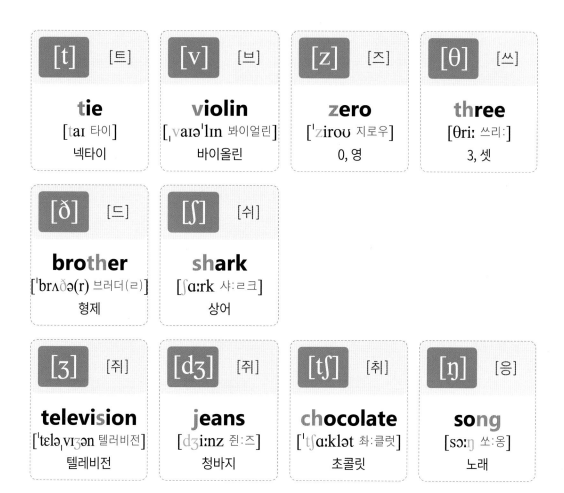

[t] [트]	[v] [브]	[z] [즈]	[θ] [쓰]
tie [taɪ 타이] 넥타이	**violin** [ˌvaɪəˈlɪn 봐이얼린] 바이올린	**zero** [ˈzɪroʊ 지로우] 0, 영	**three** [θriː 쓰리ː] 3, 셋

[ð] [드]	[ʃ] [쉬]
brother [ˈbrʌðə(r) 브러더(ㄹ)] 형제	**shark** [ʃɑːrk 샤ː르크] 상어

[ʒ] [쥐]	[dʒ] [쥐]	[tʃ] [취]	[ŋ] [응]
television [ˈtelə,vɪʒən 텔러비전] 텔레비전	**jeans** [dʒiːnz 쥔ː즈] 청바지	**chocolate** [ˈtʃɑːklət 촤ː클럿] 초콜릿	**song** [sɔːŋ 쏘ː옹] 노래

★ 반자음을 나타내는 발음기호

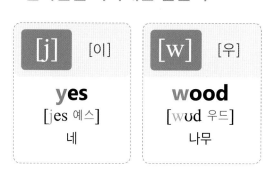

[j] [이]	[w] [우]
yes [jes 예스] 네	**wood** [wʊd 우드] 나무

📢 모음을 나타내는 발음기호 Vowel

모음(Vowel)이란 발음을 할 때 공기가 혀나 입, 입술, 입천장 등에 부딪히지 않고 목과 입 안의 울림으로 나는 소리를 말해요. 모든 모음은 성대가 울리는 유성음으로 구성되어 있어요.

✹ 단모음을 나타내는 발음기호

[a] [아]	[ʌ] [어]	[ə] [어]	[ɔ] [오]
cow	**cup**	**gorilla**	**boy**
[kaʊ 카우]	[kʌp 컵]	[gəˈrɪlə 거릴러]	[bɔɪ 보이]
암소	컵	고릴라	소년

[ʊ] [우]	[ɪ] [이]	[e] [에]	[æ] [애]
cook	**milk**	**melon**	**cat**
[kʊk 쿡]	[mɪlk 밀크]	[ˈmelən 멜런]	[kæt 캣]
요리사	우유	멜론	고양이

✹ 장모음을 나타내는 발음기호

[ɑː] [아:]	[ɑːr] [아:ㄹ]	[əːr] [어:ㄹ]	[ɔː] [오:]
father	**dart**	**bird**	**dog**
[ˈfɑːðə(r) 파:더(ㄹ)]	[dɑːrt 다:ㄹ트]	[bɜːrd] 버:ㄹ드]	[dɔːg 도:그]
아버지	막대기	새	개

[ɔːr] [오:ㄹ]	[uː] [우:]	[iː] [이:]	[ɜːr] [어:ㄹ]
morning	**movie**	**teacher**	**bird**
[ˈmɔːrnɪŋ 모:ㄹ닝]	[ˈmuːvi 무:비]	[ˈtiːtʃə(r) 티:춰(ㄹ)]	[bɜːrd 버:ㄹ드]
아침	영화	선생님	새

✿ 이중모음을 나타내는 발음기호

[aɪ] [아이]	[aʊ] [아우]	[ɔɪ] [오이]	[oʊ] [오우]
pilot	**house**	**toy**	**boat**
[ˈpaɪlət 파일럿]	[haʊz 하우스]	[tɔɪ 토이]	[boʊt 보우트]
조종사	집	장난감	보트

[eɪ] [에이]	[eər] [에어ㄹ]	[ʊər] [우어ㄹ]	[ɪər] 이어ㄹ]
baker	**airport**	**poor**	**ear**
[ˈbeɪkə(r) 베이커(ㄹ)] 제빵사	[ˈeə(r)pɔːrt 에어(ㄹ)포:ㄹ트] 공항	[pʊə(r) 푸어(ㄹ)] 가난한	[ɪə(r) 이어(ㄹ)] 귀

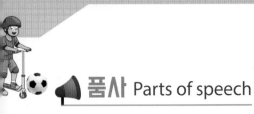

품사 Parts of speech

영어 단어는 크게 8가지로 분류될 수 있어요. 우리는 이것을 영어의 8품사라고 하죠. 명사 noun, 대명사 pronoun, 동사 verb, 형용사 adjective, 부사 adverb, 전치사 preposition, 접속사 conjunction, 감탄사 interjection가 바로 이것들이에요. 이 8품사가 문장에서 어떻게 쓰이는지 알아볼까요?

1 모든 사물의 이름인 명사 noun

명사는 사람, 동식물이나 사물, 장소의 이름, 명칭을 나타내며 문장에서 주어, 목적어, 보어로 쓰이죠.

father 아버지 desk 책상 dog 개 flower 꽃 air 공기 water 물 …

2 명사를 대신하는 대명사 pronoun

사람, 동식물이나 사물의 이름을 대신하여 나타내죠.

I 나 you 당신 she 그녀 he 그 this 이것 who 누구 …

3 주어의 움직임을 나타내는 동사 verb

사람, 동물, 사물의 동작이나 상태를 나타내며 문장에서 없어서는 안 될 중요한 역할을 하죠. 주부와 술부로 이루어진 우리말에서 술부의 끝맺음 말에 해당하여 '~다'로 해석되어요.

go 가다 come 오다 see 보다 eat 먹다 know 알다 read 읽다

4 명사를 예쁘게 꾸며주는 형용사 adjective

사람, 동물, 사물의 성질이나 상태를 나타내요. 문장에서 보어로 쓰이며 명사를 수식하고 부사의 수식을 받죠.

kind 친절한 small 작은 wise 현명한 many 많은 good 좋은 red 빨간 …

5 동작을 더욱 섬세하게 나타내는 부사 adverb

수식하는 어구나 문장의 뜻을 분명하게 나타내며 동사, 형용사, 다른 부사를 수식하거나 문장 전체를 수식해요.

very 매우 much 많이 here 여기에 early 일찍 beautifully 아름답게 …

6 명사보다 한 발 앞서나가는 전치사 preposition

문장 또는 다른 어구와 문법적 관계를 나타내며 명사나 대명사 앞에 놓여 다른 말과의 관계를 나타내요.

at ~에서 in ~안에 on ~위에 from ~로 부터 under ~아래에 …

7 말과 말을 서로 연결해 주는 접속사 conjunction

단어와 단어, 구와 구, 문장과 문장을 이어줘요.

and 그리고 but 그러나 or 또는 so 그래서
because 왜냐하면 …

8 내 감정을 표현하는 감탄사 interjection

기쁨, 슬픔, 화남, 놀라움 등의 감정을 나타내는 말로 감탄사 뒤에는 느낌표(!)를 붙여요.
oh 오오 ah 아아 hurrah 만세 bravo 브라보 …

 영어 8품사의 약어

명사 noun	*n* 영	부사 adverb	*ad* 부
대명사 pronoun	*pron* 대	전치사 preposition	*prep* 전
동사 verb	*v* 동	접속사 conjunction	*conj* 접
형용사 adjective	*a* 형	감탄사 interjection	*int* 감

영어의 악센트 Accent

악센트(**accent**)는 우리말로 강세라고 해요. 강세란 하나의 단어에서도 강하게 발음해야 하는 부분과 약하게 발음하는 부분이 있어요. 예를 들면 **lion**[ˈlaɪən]에서 악센트는 [ˈla]에 있기 때문에 [라]를 강하게 발음해야 해요. 이처럼 영어 단어에는 악센트 부분이 있어요. 악센트가 어느 부분에 있는지는 발음기호를 보면 모음 위에 [ˈ | ˌ]로 표시되어 있지요.
또한, 인토네이션(**intonation**)은 우리말로 억양이라고 하는데, 이것은 모든 언어에 있는 소리의 높낮이를 말해요.

1 단어의 악센트는 모음에만 있어요.

father [ˈfɑːðə(r) 파:더(ㄹ)] 아버지   **baker** [ˈbeɪkə(r) 베이커(ㄹ)] 제빵사

2 단어의 악센트는 발음기호에서 모음 위에 [ˈ]로 표시하며, 그 부분을 제일 강하게 발음하죠.

lion [ˈlaɪən 라이언] 사자   **pilot** [ˈpaɪlət 파일럿] 조종사

3 단어에서 두 번째 악센트는 [ˌ]로 표시하며, 첫 번째보다 덜 강하게 발음하며, 나머지는 평이하게 발음하면 되어요.

television [ˈtɛləˌvɪʒən 텔러비전] 텔레비전
playground [ˈpleɪˌɡraʊnd 플레이그라운드] 운동장

4 모음이 하나인 단어에서는 악센트가 없습니다.

box [bɑːks 바:악스] 상자 **cook** [kʊk 쿡] 요리사   **tie** [taɪ 타이] 넥타이

5 영어의 장음은 [ː]로 표시하며 우리말 장음 표시도 [:]로 해요.

jeans [dʒiːnz 쥔:즈] 청바지   **movie** [ˈmuːvi 무:비] 영화
dog [dɔːɡ 도:그] 개

6 괄호 안의 (r)은 우리말 (ㄹ)음을 살짝 넣어서 발음하면 돼요. 단, 괄호가 없는 [r]은 [ㄹ]을 넣어서 발음해요.

hair [heə(r) 헤어(ㄹ)] 머리카락   **bird** [bɜːrd 버:ㄹ드] 새

Start ▶

품사 일러두기

- 영 명사
- 대 대명사
- 관 관사
- 동 동사
- 형 형용사
- 부 부사
- 전 전치사
- 접 접속사
- 감 감탄사
- 의 의문사
- 유 유의어
- 반 반의어

Aa

a/an

[ə 어] / [ən 언] 괜 하나의

I need a pencil.
나는 연필 하나가 필요하다.

It is not an old car.
그것은 오래된 차가 아니다.

 a와 an

an은 **a, e, i, o, u** [아, 에, 이, 오, 우]로 발음되는 단어 앞에 사용해요. 나머지는 모두 **a**를 씁니다.
a dog[어 도그] , **a cat**[어 캣] / **an apple**[언 애플], **an elephant**[언 엘러펀트]

a.m./A.M.

[ˌeɪ ˈem 에이엠] 명 오전 ↔ **p.m.** 오후

It starts at 10 a.m. 그것은 오전 10시에 시작한다.

able

[ˈeɪbl 에이블] 형 ~할 수 있는 (▶연관 can)

I am able to speak English.
나는 영어를 말할 수 있다.

I will be able to speak English.
나는 영어를 말할 수 있을 것이다.

● be able to와 can

둘다 '~할 수 있다'는 뜻이만 **be able to**는 다른 조동사와 같이 쓰일 수 있어요.
(O) **I will be able to help you**. 나는 너를 도와줄 수 있어.
(X) **I will can help you**. 나는 너를 도와줄 수 있어.
또 **be able to**는 어떤 특정한 상황에서 '~할 능력이 있음'을 나타내지만,
can은 '평소에 본인이 가지고 있는 능력'을 나타낼 때 사용해요.
I can speak English. 나는 영어를 말할 수 있어요.

about

[əˈbaʊt 어바웃] 젠 ~에 대하여

This book is about animals. 이 책은 동물에 대한 내용이다.

above

[əˈbʌv 어버브] 젠 ~의 위에 ↔ **below** ~의 아래에 (▶연관 over)

Birds are flying above the trees.
새들이 나무 위를 날고 있다.

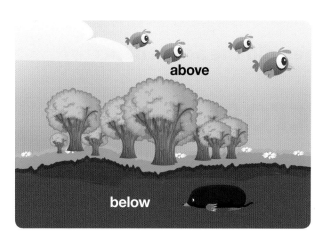

● be + ~ing 현재진행형

be + ~ing의 형태를 현재진행형이라고 해요.
I go to school. 나는 학교에 다닌다. → 나는 학생이다.
I am going to school. 나는 학교에 가고 있는 중이다. → 현재 특별히 진행되고 있는 일이에요.
내가 학생인지 아닌지는 아직 몰라요.

abroad

[əˈbrɔːd 어브로:드] ⓟ 외국에(으로) ↔ **home**

I go abroad next month. 나는 다음 달에 외국에 간다.

accept accepted, accepted, accepting, accepts

[əkˈsept 억셉트] ⓥ 받아들이다, 응하다 = **receive**

I accepted his invitation. 나는 그의 초대를 받아들였다.

● 동사의 과거형

우리말의 '~하다'의 과거형이 '~했다'이지요. 영어 동사의 과거형도 보통은 동사의 원형에 **-ed**를 붙이면 돼요. **start** (시작하다) **started** (시작했다), 하지만 모든 동사가 꼭 규칙대로만 바뀌는 건 아니고 불규칙하게 바뀌는 동사들도 있답니다. 이것은 별도로 외워두세요.

accident accidents

[ˈæksɪdənt 액시던트] ⓝ 뜻밖의 사건, 사고

When did the accident occur? 그 사고는 언제 발생했습니까?

across

[əˈkrɔːs 어크로:스] ⓟⓟ ~건너편에, ~을 가로질러

The supermarket is across the street.
슈퍼마켓은 길 건너편에 있다.

act acts / acted, acted, acting, acts

[ækt 액트] 몡 행위 툉 행하다

The boy acted like a baby. 그 소년은 아이처럼 행동했다.

activity activities

[æk'tɪvəti 액티버티] 몡 활동

After school, I take part in extracurricular activities.
방과 후에는 특별 활동에 참여한다.

add added, added, adding, adds

[æd 애드] 툉 더하다, 보태다

If you add 3 to 5, you get 8.
5에다 3를 더하면 8이 된다.

address addresses

[ə'dres 어드레스] 몡 주소

I know her address. 나는 그녀의 주소를 안다.

admire admired, admired, admiring, admires

[əd'maɪə(r) 어드마이어(ㄹ)] 툉 칭찬하다, 감탄하다

He admired the girl for her courage.
그는 그 소녀의 용기를 칭찬하였다.

adventure adventures

[ədˈventʃə(r) 애드벤처(ㄹ)] 몡 모험; 뜻하지 않은 일

He had many adventures in Africa.
그는 아프리카에서 많은 모험을 하였다.

advice

[ədˈvaɪs 어드바이스] 몡 충고, 조언

I want to give you some advice. 몇 마디 충고를 하겠다.

afraid

[əˈfreɪd 어프레이드] 혱 두려워하는

Don't be afraid. 두려워하지 마.

after

[ˈæftə(r) 애프터(ㄹ)] 졘 븐 ~후에, 다음에 ↔ **before** ~전에

July comes after June. 7월은 6월 다음에 온다.

afternoon

[ˌæftərˈnuːn 애프터ㄹ누ː운] 몡 오후

It is a nice Sunday afternoon. 화창한 일요일 오후다.

● 시간 구분

오전 **morning** / 오후 **afternoon** 12시 지난 후 대략 6시 정도까지 / 저녁 **evening** 6시~9시 무렵(잠들기 전) / 밤 **night** 9시 이후
지금이 오전 11시면 어떻게 인사를 할까요? **Good morning**이라고 인사하면 무난하겠죠!

again

[ə'gen; ə'geɪn 어겐; 어게인] 🄫 다시, 또

She is crying again. 그녀는 또 울고 있다.

against

[ə'genst; ə'geɪnst 어겐스트; 어게인스트] 🄫 ❶ ~에 반대하여[맞서] ❷ ~에 부딪혀

The car ran against the wall. 그 자동차는 벽에 부딪쳤다.
He leaned against the wall. 그는 벽에 기대었다.
He supported against the wall. 그는 벽을 떠받쳤다.

age ages

[eɪdʒ 에이쥐] 🄫 나이

She is your age. 그녀는 너와 나이가 같다.
All ages admitted. 나이불문

ago

[ə'goʊ 어고우] 🄫 이전에

My birthday was two days ago. 내 생일은 이틀 전이었다.

agree agreed, agreed, agreeing, agrees

[əˈgriː 어그리:] 동 동의하다, 승낙하다

Jill agreed to Jack's proposal. 질은 잭의 제안에 동의했다.

air

[eə(r) 에어(ㄹ)] 명 공기

We can't live without air. 우리는 공기 없이 살 수 없다.

airport airports

[ˈeə(r)pɔːrt 에어(ㄹ)포:ㄹ트] 명 공항

The plane is in the airport.
비행기가 공항에 있다.

alarm alarms

[əˈlɑːm 얼라:암] 명 자명종, 알람

I set the alarm clock for 7 o'clock. 나는 알람을 7시에 맞췄다.

album albums

[ˈælbəm 앨범] 명 앨범

I bought a stamp album. 나는 우표 앨범을 샀다.

alive

[əˈlaɪv 얼라이브] 형 살아 있는 ↔ **dead**

Is the fish alive? 그 물고기는 살아 있니?

all

[ɔːl 오:올] 형 모두의 대 모든 것, 모두 (▶연관 every)

We are all six. 우리는 모두 여섯 명이다.

> ● all과 every 비교
>
> 둘 다 '모두'라는 뜻이지만,
> **all** 뒤에는 단수명사, 복수명사 모두 올 수 있어요. **every** 다음에는 단수명사만 올 수 있어요.
> **Every child needs love. / All children need love.**

alligator alligators

[ˈælɪɡeɪtə(r) 앨리게이터(ㄹ)] 명 악어(미국산)

Finally the alligator went back into the river.
마침내 그 악어는 강으로 되돌아갔다.

allow allowed, allowed, allowing, allows

[əˈlaʊ 얼라우] 동 허락하다

I allowed her to go. 나는 그녀를 가게 하였다.

almost

[ˈɔːlmoʊst 오:올모우스트] 부 거의 (▶연관 most)

It's almost time to leave.
거의 출발할 시간이다.

● almost와 most 차이

almost는 '거의'라는 부사이며, most는 '대부분의'라는 뜻의 형용사예요.
그러므로 almost는 형용사나 다른 부사를 꾸며주고, most는 명사를 꾸며줍니다.
Most students in the class came to the party.
Almost all the students in the class came to the party.

alone

[əˈloʊn 얼로운] (부) 혼자서

He came alone. 그는 혼자서 왔다.

along

[əˈlɔːŋ 얼로:옹] (전) ~을 따라서 (부) 앞으로, ~와 함께, 진척되어

They are running along the beach.
그들은 해변을 따라 뛰고 있다.

I was just walking along singing.
나는 노래를 부르며 그냥 앞으로 걸어가고 있었다.

aloud

[əˈlaʊd 얼라우드] 🗣 큰 소리로, 소리 내어

The child was reading the book aloud.
그 아이는 그 책을 소리 내어 읽고 있었다.

alphabet alphabets

[ˈælfəbet 앨퍼벳] 명 알파벳

Say the alphabet backward. 알파벳을 거꾸로 말해라.

already

[ɔːlˈredi 오:올레디] 🗣 이미, 벌써 ↔ **yet** 아직

The giant already fell asleep.
그 거인은 이미 잠에 빠져 있었다.

It is already dark.
벌써 어두워졌다.

also

[ˈɔːlsoʊ 오:올쏘우] 🗣 ~도, 역시

You must read this book also. 너는 이 책도 읽어야 한다.

although

[ɔːlˈðoʊ 오:올도우] 접 비록 ~일지라도, ~이기는 하지만 = **though**

Although (he is) very poor, he is honest.
그는 매우 가난하지만 정직하다.

always

[ˈɔːlweɪz 오:올웨이즈] (부) 항상

She is always late. 그녀는 항상 늦는다.
She always arrives at 9:20. 그녀는 항상 9시 20분에 도착한다.

● 빈도부사의 종류와 위치

빈도부사는 횟수나 정도를 나타내는 부사예요.
always 항상, **usually** 보통, **sometimes** 때때로, **never** 결코 ~하지 않는
빈도부사는 문장에서 어디에 위치할까요?
일반동사일 때는 앞에 오고, **be**동사와 조동사가 있을 때는 뒤에 온답니다.

am

[æm 앰] (동) ~이다 <be의 1인칭 단수, 현재형> ↔ **am not**

I am a student. 나는 학생입니다.

ambulance ambulances

[ˈæmbjələns 앰벌런스] (명) 구급차

Hurry and call an ambulance! 빨리 구급차를 불러!

among

[əˈmʌŋ 어멍] (전) ~사이에 (▶연관 between)

The red apple is among the green apples.
빨간 사과가 녹색 사과 사이에 있다.

among apples   between apples

amusement

[əˈmjuːzmənt 어뮤:즈먼트] 똉 즐거움, 오락(물)

The people are at an amusement park.
사람들은 놀이공원에 있다.

ancient

[ˈeɪnʃənt 에인션트] 혱 옛날의, 고대의 ↔ **modern** 현대의

This story dates back on ancient times.
이것은 예로부터 전해 오는 이야기다.

and

[ænd 앤드] 젭 그리고 ↔ **but** 그러나

The car is old and dirty. 그 차는 오래되고 지저분하다.

angry

[ˈæŋgri 앵그리] 혱 화난

Andy is angry. 앤디는 화가 났다.

animal animals

[ˈænəməl 애너멀] 똉 동물

What's your favorite animal? 가장 좋아하는 동물은 무엇이니?
- I like monkey best. 난 원숭이가 제일 좋아.

crocodile 악어
[ˈkrɑːkədaɪl 크라:커다일]

hippopotamus 하마
[ˌhɪpəˈpɑːtəməs 히퍼파:터머스]

penguin 펭귄
[ˈpeŋgwɪn 펭귄]

polar bear 북극곰
[ˈpoʊlə(r) beə(r) 포울러(ㄹ) 베어(ㄹ)]

monkey 원숭이
[ˈmʌŋki 멍키]

cheetah 치타
[ˈtʃiːtə 취:터]

kangaroo 캥거루
[ˌkæŋgəˈruː 캥거루:]

gorilla 고릴라
[gəˈrɪlə 거릴러]

A

elephant 코끼리
[ˈelɪfənt 엘러펀트]

zebra 얼룩말
[ˈzebrə; ˈziːbrə 제브러;지:브러]

giraffe 기린
[dʒəˈræf 저래프]

ostrich 타조
[ˈɔːstrɪtʃ 오:스트리취]

lion 사자
[ˈlaɪən 라이언]

camel 낙타
[ˈkæml 캐믈]

another

[əˈnʌðə(r) 어너더(ㄹ)] 때 또 하나, 또 한 사람

Give me another. 하나 더 주세요.

● **another와 other**

대상이 둘일 때 **One is ~** 하나는 ~이고, **another is ~** 또 하나는 ~이다,
셋 이상일 때 **One is ~** 하나는 ~이고, **the others are ~** 나머지 모두는 ~이다

answer answers / answered, answered, answering, answers

[ˈænsə(r) 앤써(ㄹ)] 명 대답 동 대답하다

He answered. 그가 대답했어.

ant ants

[ænt 앤트] 명 개미

The boy is looking at an ant. 소년이 개미를 보고 있다.

any

[ˈeni 에니] 형 어떤, 아무런

Bill doesn't have any questions. 빌은 아무 질문도 없어.

● **any와 some**

some은 긍정문 **any**는 의문문, 부정문, 조건문(**if, unless**)에 쓰는 것이 일반적인 원칙이에요.
Do you have any plans today? 오늘 어떤 계획 있어?
Yes, I have some plans. 응, 좀 있어. / **No**, I don't have any plans. 아니 전혀 없어.
물론 예외도 있겠죠.
some이 의문문에 쓰일 때도 있는데 권유나 부탁을 할 때 써요.
Would you like some coffee? 커피 좀 드실래요?
any가 긍정문에 쓰일 때도 있는데 '어떤 ~라도' '모든 ~'의 뜻이 돼요.
I like any Korean food. 나는 어떤 한국 음식이라도 좋아해.

anybody

[ˈenibɑːdi 에니바ː디] 때 ❶ <부정문, 의문문> 누군가, 아무도 ❷ <긍정문> 누구든지

Tom didn't see anybody.
탐은 아무도 보지 못했다.

Anybody can solve the problem.
누구든지 그 문제를 풀 수 있다.

I did not meet anybody.
나는 아무도 안 만났다.

anyone

[ˈeniwʌn 에니원] 때 누군가, 누구든지

Is anyone absent?
누구 결석한 사람 있습니까?

anything

[ˈeniθɪŋ 에니씽] 때 ❶ <긍정문에서> 무엇이든 ❷ <부정문에서> 아무 것도

I can do and eat anything I want to here!
나는 여기서 내가 원하는 무엇이든 할 수 있고 먹을 수 있어!

You don't need to send me anything for my birthday.
내 생일날 아무 것도 보내지 않아도 돼.

anyway

[ˈeniweɪ 에니웨이] 분 아무튼

Anyway, I have to go now. See you.
아무튼 지금 가야 해. 나중에 보자.

anywhere

[ˈeniwer 에니웨어ㄹ] (부) 어딘가에, 어디든지, 아무데도

Did you go anywhere yesterday?
어제 어딘가 갔었습니까?

I didn't go anywhere yesterday.
나는 어제 아무데도 가지 않았다.

apartment apartments

[əˈpɑːrtmənt 어파ː르트먼트] (명) 아파트(아파트의 한 가구)

My apartment is on the fifth floor.
내 아파트는 5층에 있다.

appear appeared, appeared, appearing, appears

[əˈpɪə(r) 어피어(ㄹ)] (동) 나타나다; (텔레비전 등에) 나오다

A rainbow appeared.
무지개가 나타났다.

apple apples

[ˈæpl 애플] (명) 사과

This is a delicious apple. 이건 맛있는 사과야.

approach approached, approached, approaching, approaches

[əˈproʊtʃ 어프로우취] (동) ~에 가까이 가다, ~에 가깝다

My birthday is approaching. 내 생일이 다가온다.

April

[ˈeɪprəl 에이프럴] 몡 4월

April is the fourth month of the year.
4월은 일 년 중 네 번째 달이다.

are

[ɑː(r) 아ː(ㄹ)] 통 be의 복수형 및 2인칭 단수, 현재형 ↔ **aren't**

Are you able to imitate a chimpanzee?
너 침팬지 흉내 낼 수 있어?

area areas

[ˈeəriə 에어리어] 몡 지역, 범위

Is there a hotel in this area? 이 지역에 호텔이 있습니까?

arm arms

[ɑːrm 아ː르암] 몡 팔

His arm is long. 그의 팔은 길다.

around

[əˈraʊnd 어롸운드] 閉 주위에 젠 대략~, ~쯤, 사방에

Bees are flying around the flowers.
벌들이 꽃 주변을 날고 있다.

She started around three o'clock.
그녀는 3시쯤 출발했다.

● around와 round

두 단어는 여러 가지 뜻이 있는데 '~주위에'라는 뜻으로 쓰일 때는 의미에 큰 차이가 별로 없어요. 단 미국에서는 **around**를 영국에서는 **round**를 더 많이 쓰는 편입니다.

arrive arrived, arrived, arriving, arrives

[əˈraɪv 어롸이브] 동 도착하다 ↔ **start** 출발하다

He always arrives first. 그는 항상 첫 번째로 도착해요.

art

[ɑːrt 아ː르트] 명 미술, 예술

Art is long, life is short. 예술은 길고, 인생은 짧다.

artist artists

[ˈɑːrtɪst 아ː르티스트] 명 예술가, 화가

An artist draws pictures well.
화가는 그림을 잘 그린다.

as

[æz 애즈] 전 ~처럼, ~로서 부 ~만큼 ~한

You can do as much as her. 너도 그녀만큼이나 할 수 있다.
I respect her as my teacher. 나는 선생님으로서 그녀를 존경한다.

ask asked, asked, asking, asks

[æsk 애스크] 동 묻다

Can I ask you a question? 뭐 물어봐도 돼요?

asleep

[əˈsliːp 어슬리:입] 휑 잠자는, 자고 있는 ↔ **awake** 자지 않고

He was asleep at that time. 그는 그때 잠자고 있었다.

● **asleep, sleep, sleepy**

asleep 잠자는, **sleepy** 졸린, **sleep** 잠자다,
asleep와 **sleepy**는 형용사이고, **sleep**는 동사예요.
asleep는 형용사이지만 **fall asleep** 같이 동사 뒤에 와서 '잠들다'라는 표현으로 많이 쓰이고,
sleepy는 **sleepy voice** '졸린 목소리' 같이 명사를 꾸며줍니다.

astronaut astronauts

[ˈæstrənɔːt 애스트러노:트] 휑 우주 비행사

His dream is to be an astronaut.
그의 꿈은 우주 비행사가 되는 것이다.

at

[æt 앳] 휑 ~에

She is at the front door. 그녀는 현관에 있다.
Let's meet at 9:00 tonight. 오늘밤 9시에 만나자.
He aimed at the target. 그는 과녁을 겨냥했다.
Water boils at 100 degrees Celsius. 물은 섭씨 100도에서 끓는다.
I'm very surprised at the result. 난 그 결과에 매우 놀랐다.
Look at me. 날 봐.

● **전치사 at**

at은 대상을 '콕 집어서' 말할 때 써요.
at Dondaemoon 동대문에(상대적으로 좁은 장소), **laught at me** '콕 집어서' 나를 비웃음,
be good at cooking 잘 하는 게 '요리'라고 콕 집음.
at 100 degrees 연속된 숫자 중 '콕 집어서' 100도(온도와 속도를 나타낼 때도 at을 써요)

athlete athletes

['æθliːt 애쓸리:트] 몡 운동선수

He has the build of an athlete. 그는 체격이 운동선수 같다.

atmosphere atmospheres

['ætməsfɪə(r) 앳머스퓌어(ㄹ)] 몡 ❶대기, 공기 ❷분위기

The atmosphere is becoming more polluted each day.
대기는 나날이 더 오염되고 있다.

These animals love cool, dry atmospheres.
이 동물들은 서늘하고 건조한 곳을 좋아한다.

The teather created a tense atmosphere.
선생님은 긴상된 분위기를 소성했나.

atomic

[əˈtɑːmɪk 어타:믹] 혱 원자의, 원자력의

He was killed in the atomic bomb attack.
그는 원자 폭탄 공격으로 죽었다.

attack attacked, attacked, attacking, attacks

[əˈtæk 어택] 동 공격하다 ↔ **defend** 방어하다

The cat attacked the dog.
고양이가 개를 공격했다.

audience audiences

[ˈɔːdiəns 오:디언스] 뗑 청중; 관객

Actors perform the play for an audience.
배우들은 청중을 위해 연극을 공연한다.

August

[ˈɔːgəst 오:거스트] 뗑 8월

Does the second semester start in August in Korea?
한국에서는 2학기가 8월에 시작되니?

aunt aunts

[ænt 앤트] 뗑 아주머니, 이모, 고모 ↔ **uncle** 삼촌, 아저씨

This is my aunt. 이 분은 제 이모예요.

autumn

[ˈɔːtəm 오:텀] 뗑 가을 = **fall**

Leaves fall in autumn.
가을에는 낙엽이 진다.

awake

[əˈweɪk 어웨익] 뗑 깨어 있는, 자지 않고 ↔ **asleep** 잠든

The baby was already awake.
그 아기는 벌써 깨어 있었다.

away

[ə'weɪ 어웨이] (부) (~로부터) 떨어져

He lives two blocks away from here.
그는 여기서 두 블록 떨어진 곳에 산다.

● away, out, off

away, out, off 모두 어디로부터 '떨어져 나간다'는 뜻이에요.
away는 주로 물체, 사람과 함께 많이 쓰여요.
_keep away from me. 나한테서 떨어져.
out은 주로 공간에 많이 쓰여요. out은 in의 반대이지요.
_Keep out my room. 내 방에서 나가.
off는 물체나 장소 주로 평면적인 것에 많이 쓰여요. off는 on의 반대예요.
_Keep off the grass. 잔디에서 떨어져.

keep away

Keep out

Keep off

Bb

B

baby babies

['beɪbi 베이비] 명 아기

Jim is my baby.
짐은 제 아기예요.

back

[bæk 백] 명 등, 뒤쪽 형 뒤의 부 뒤로 ↔ **front** 앞

He scratched his back. 그는 등을 긁었다.

backyard backyards

['bækˌjɑːrd 백야ː르드] 명 뒤뜰

We have a flower garden in our backyard.
우리집은 뒷뜰에 화단이 있습니다.

bad

[bæd 배드] 형 나쁜 ↔ **good** 좋은

He is a bad monster.
그는 나쁜 괴물이에요.

bag bags

[bæg 백] 뗑 가방

The dog is in the bag. 개가 가방 안에 있다.

bakery bakeries

['beɪkəri 베이커리] 뗑 빵집, 제과점

I buy bread in that bakery. 나는 저 제과점에서 빵을 산다.

balance

['bæləns 밸런스] 뗑 균형, 평형

She lost her balance and tumbled over.
그녀는 중심을 잃고 넘어졌다.

ball balls

[bɔːl 보ː올] 뗑 공

That is my new ball.
저건 나의 새 공이에요.

balloon balloons

[bəˈluːn 벌루ː운] 뗑 풍선

Andy's balloon is long. 앤디의 풍선은 길다.

bamboo bamboos

[ˌbæmˈbuː 뱀부ː] 몡 대(나무)

She bought a bamboo basket. 그녀는 대나무 바구니를 샀다.

banana bananas

[bəˈnænə 버내너] 몡 바나나

This banana is short. 이 바나나는 짧아.

band bands

[bænd 밴드] 몡 끈, 밴드, 악단

I want to join the band.
나는 밴드에 가입하고 싶다.

bandage bandages

[ˈbændɪdʒ 밴디쥐] 몡 붕대

Doctor wrapped his leg with a bandage.
의사 선생님이 그의 다리를 붕대로 감았다.

bank banks

[bæŋk 뱅크] 몡 은행, 둑

The bank is closed today.
오늘은 은행이 문을 닫았어요.

It's on the south bank of the Han River.
그것은 한강 남쪽 둑 위에 있다.

barber barbers

['bɑːrbə(r) 바:버(ㄹ)] 몡 이발사

Where's the nearest barber shop?
가장 가까운 이발소가 어디에 있나요?

bare

[beə(r) 베어(ㄹ)] 혱 발가벗은

He is walking with bare feet. 그는 맨발로 걷고 있다.

bark barked, barked, barking, barks

[bɑːrk 바:ㄹ크] 동 (개 등이) 짖다

The dog barked at the thief.
개는 도둑에게 짖어댔다.

base

[beɪs 베이스] 몡 기초

The base of a building is cement. 건물의 토대는 시멘트이다.

baseball baseballs

['beɪsbɔːl 베이스보:올] 몡 야구, 야구공

Baseball is a very interesting sport.
야구는 아주 흥미 있는 스포츠다.

Place baseballs in a large box.
야구공들을 큰 박스에 담아라.

basket baskets

['bæskɪt 배스킷] 몡 바구니

The basket is empty.
바구니가 비어 있다.

basketball

['bæskɪtbɔ:l 배스킷보:올] 몡 농구

You're on the basketball team, right?
너 농구부지? 그렇지?

bat bats

[bæt 배트] 몡 (야구·탁구 따위의) 배트, 박쥐

Did you see the baseball bat in the living room?
거실에 있는 야구 방망이 봤니?

bath

[bæθ 배쓰] 몡 목욕

Bill needs a bath. 빌은 목욕할 필요가 있다.

bathroom bathrooms

['bæθru:m 배쓰루:움] 몡 욕실; (집의) 화장실

Where is the bathroom?
화장실은 어디에 있습니까?

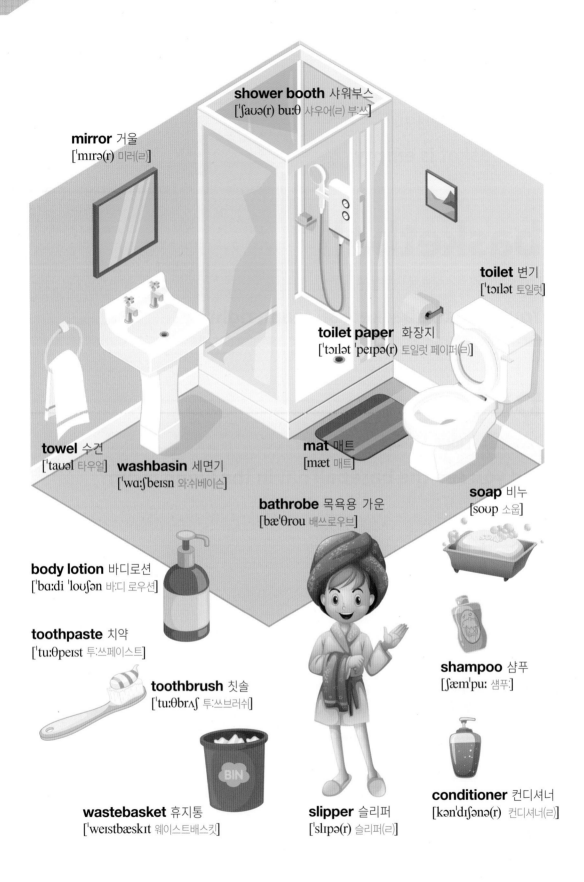

shower booth 샤워부스
[ˈʃaʊə(r) buːθ 샤우어(ㄹ) 부ː쓰]

mirror 거울
[ˈmɪrə(r) 미러(ㄹ)]

toilet 변기
[ˈtɔɪlət 토일럿]

toilet paper 화장지
[ˈtɔɪlət ˈpeɪpə(r) 토일럿 페이퍼(ㄹ)]

towel 수건
[ˈtaʊəl 타우얼]

washbasin 세면기
[ˈwɑːʃbeɪsn 와ː쉬베이슨]

mat 매트
[mæt 매트]

soap 비누
[soʊp 소웁]

bathrobe 목욕용 가운
[bæˈθroʊ 배쓰로우브]

body lotion 바디로션
[ˈbɑːdi ˈloʊʃən 바ː디 로우션]

toothpaste 치약
[ˈtuːθpeɪst 투ː쓰페이스트]

toothbrush 칫솔
[ˈtuːθbrʌʃ 투ː쓰브러쉬]

shampoo 샴푸
[ʃæmˈpuː 섐푸ː]

conditioner 컨디셔너
[kənˈdɪʃənə(r) 컨디셔너(ㄹ)]

wastebasket 휴지통
[ˈweɪstbæskɪt 웨이스트배스킷]

BIN

slipper 슬리퍼
[ˈslɪpə(r) 슬리퍼(ㄹ)]

bathtub bathtubs

[bæθtʌb 배쓰터브] 명 욕조

The baby is playing in the bathtub.
아기는 욕조에서 놀고 있다.

bay bays

[beɪ 베이] 명 만

The river pours[falls] into the bay.
그 강은 만으로 흘러들어 간다.

bazaar bazaars

[bəˈzɑː(r) 버자:(ㄹ)] 명 바자

Our church had a bazaar last weekend.
우리 교회에서 지난 주말에 바자회가 있었다.

be

[bi: 비] 동 ~이다, 있다

He'll be waiting for us. 그가 우리를 기다리고 있을 거야.

● **be** 동사 정리

be동사(~이다, 있다, 존재하다)는 영어에서 가장 많이 쓰이는 동사로 **am·are·is**가 이에 속합니다.

	주 어	be동사	(보어)	의 미
1 인칭	I	am	~	나는 ~입니다.
2 인칭	You	are	~	당신은 ~입니다.
3 인칭	He She It	is	~	그는 ~입니다. 그녀는 ~입니다. 그것은 ~입니다.

beach

[biːtʃ 비:취] 명 해변, 바닷가

They went to the beach. 그들은 바닷가에 갔다.

bean beans

[biːn 비:인] 명 콩

I don't eat black beans.
나는 검정콩을 먹지 않는다.

bear bears

[beə(r) 베어(ㄹ)] 명 곰

The bear is very small. 곰이 매우 작다.

beautiful

['bjuːtɪfəl 뷰:티펄] 휑 아름다운 ↔ **ugly** 추한

Snow White is beautiful. 백설공주는 아름다워요.

beauty

['bjuːti 뷰:티] 뎽 아름다움, 미 ↔ **ugliness** 추함

I was at the beauty salon yesterday.
어제 미용실에 있었어.

because

[bɪˈkɔːz; bɪˈkʌz 비코:즈; 비커즈] 쩹 때문에

I didn't go outside because it was raining.
비가 와서 밖에 나가지 않았다.

become became, become, becoming, becomes

[bɪˈkʌm 비컴] 뚱 ~이 되다

I want to become a doctor. 나는 의사가 되고 싶다.

bed beds

[bed 베드] 뎽 침대

The coat is on the bed.
코트가 침대 위에 있다.

bedroom bedrooms

['bedruːm; 'bedrʊm 베드루ː움; 베드룸] 몡 **침실**

I want a bedroom to myself. 나 혼자서 쓸 침실이 필요합니다.

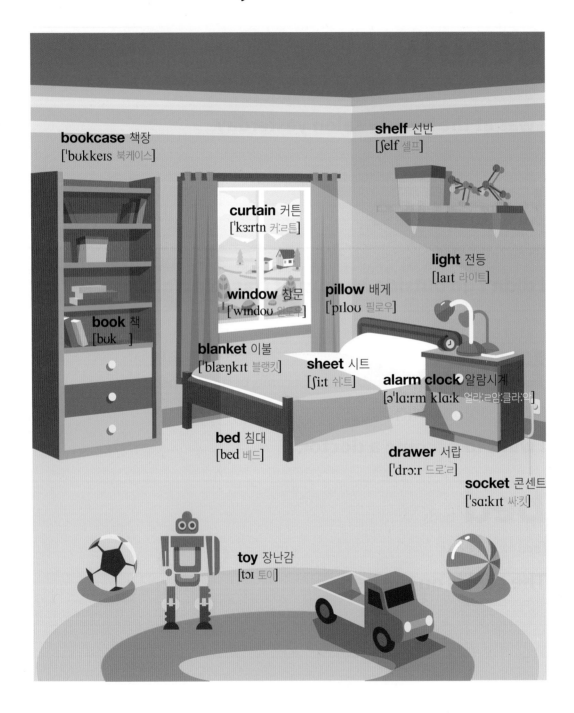

bookcase 책장
['bʊkkeɪs 북케이스]

shelf 선반
[ʃelf 셸프]

curtain 커튼
['kɜːrtn 커ː르튼]

window 창문
['wɪndoʊ 윈도우]

pillow 배게
['pɪloʊ 필로우]

light 전등
[laɪt 라이트]

book 책
[bʊk   ]

blanket 이불
['blæŋkɪt 블랭킷]

sheet 시트
[ʃiːt 쉬ː트]

alarm clock 알람시계
[ə'lɑːrm klɑːk 얼라ː람·클라ː윽]

bed 침대
[bed 베드]

drawer 서랍
['drɔːr 드로ː리]

socket 콘센트
['sɑːkɪt 싸ː킷]

toy 장난감
[tɔɪ 토이]

bee bees

[bi: 비:] 명 벌

A bee is on the flower. 벌 한 마리가 꽃 위에 있다.

beef

[bi:f 비:프] 명 쇠고기

She bought some bread and beef at the store.
그녀는 가게에서 약간의 빵과 쇠고기를 샀다.

been

[bɪn 빈] 동 be의 과거분사

I've never really been on my own.
난 정말로 한 번도 혼자 있어 본 적이 없어.

beetle beetles

['bi:tl 비:틀] 명 딱정벌레

Ants, beetles, butterflies and flies are all insects.
개미, 딱정벌레, 나비, 파리 등은 모두 곤충이다.

before

[bɪˈfɔː(r) 비포:(ㄹ)] 전 부 전에 <시간> ↔ after 뒤에

Wash your hands before lunch.
점심 먹기 전에 손을 씻어라.

B

begin
begin, begun, beginning, begins

[bɪˈgɪn 비긴] ⑧ 시작하다

School begins at 9 a.m. 학교는 오전 9시에 시작한다.

beginning

[bɪˈgɪnɪŋ 비기닝] ⑲ 시초, 시작 ↔ **end** 끝

A good beginning makes a good ending.
시작이 좋으면 끝도 좋다.

> ● 동사 + ing
>
> 동사에 **ing**를 붙이면 동사를 명사화해서 '~하는 것'이라는 동명사가 됩니다.
> ① 어미에 **-ing**를 붙인다. **read** + **-ing** → **reading**
> ② 어미가 **-e**로 끝나는 말은 **-e**를 없애고 **-ing**를 붙인다. **write** + **-ing** → **writing**
> ③ 단모음일 경우에는 자음을 중복시키고 **-ing**를 붙인다. **cut** + **-ing** → **cutting**

behind

[bɪˈhaɪnd 비하인드] ㉠㉫ ~의 뒤에 ↔ **before** ~의 앞에

The boy is behind the tree. 소년이 나무 뒤에 있다.

believe
believed, believed, believing believes

[bɪˈliːv 빌리:브] ⑧ 믿다, 신용하다

I believe that he is honest. 나는 그가 정직하다고 믿는다.

bell
bells

[bel 벨] ⑲ 종

The bell is ringing. 종이 울린다.

54

belong
belonged, belonged, belonging, belongs

[bɪˈlɔːŋ 빌로:옹] ⑧ 속하다, ~의 소유이다

That dictionary belongs to me. 그 사전은 내 것이다.

below

[bɪˈlou 빌로우] 웹 ⑨ ~의 아래에 ↔ **above** ~의 위에 (▶참조 aover)

See below. 아래를 참고하세요.

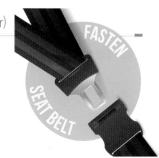

belt belts

[belt 벨트] ⑲ 띠, 벨트

Could you please fasten your seat belt? 안전벨트를 매주시겠습니까?

bench benches

[bentʃ 벤취] ⑲ 긴 의자, 벤치

The boy is sitting on the bench. 소년이 벤치에 앉아 있다.

bend bent, bent, bending, bends

[bend 벤드] ⑧ 구부러지다, 구부리다

He bent and kissed the baby. 그가 몸을 숙여 아기에게 뽀뽀를 했다.

berry berries

[ˈberi 베리] ⑲ <흔히 합성어에서> 산딸기류 열매, -베리

Birds feed berries in the winter. 새들은 겨울에 산딸기를 먹고 산다.

beside

[bɪˈsaɪd 비싸이드] 전 부 ~의 옆에 (▶연관 by)

Ally is beside the desk. 앨리는 책상 옆에 있다.

best

[best 베스트] 형 가장 좋은 부 <well의 최상급> 가장 잘, 제일

He is the best runner. 그는 가장 빨리 달리는 사람이다.

the best runner a better runner a good runner

better

[ˈbetə(r) 베터(ㄹ)] 형 보다 나은 부 더 잘, 보다 낫게

I like sausage better than broccoli.
나는 브로콜리보다 소시지가 좋다.

You'd better stay home.
너는 집에 있는 편이 낫겠다.

between

[bɪˈtwiːn 비트위ː인] 전 부 ~의 사이에 (▶연관 among)

The cat is between the dogs. 고양이가 개들 사이에 있다.

beyond

[bɪˈjɑːnd 비야ː안드] 전 ~의 저쪽에, ~너머에

Don't go beyond the mountain. 그 산 너머는 가지 마라.

bicycle bicycles

[ˈbaɪsɪkl 바이씨클] 명 자전거 = **bike**

Riding a bicycle is my hobby. 자전거 타기는 내 취미이다.

big

[bɪg 빅] 형 큰 ↔ **little** 작은

This is a big fish. 이건 커다란 물고기네.

a big fish

a bigger fish

the biggest fish

bike bikes

[baɪk 바이크] 명 <**bicycle**의 줄임말> 자전거

They go to school by bike. 그들은 자전거를 타고 등교한다.

bird birds

[bɜːrd 버ː르드] 몡 새

A bird is flying above the tree.
새가 나무 위를 날고 있다.

swallow 제비
['swɑːloʊ 스와ː알로우]

toucan 큰부리새
['tuːkæn 투ː캔]

owl 부엉이
[aʊl 아울]

flamingo 홍학
[fləˈmɪŋgoʊ 플러밍고우]

pigeon 비둘기
['pɪdʒɪn 피쥔]

magpie 까치
['mægpaɪ 매그파이]

penguin 펭귄
['peŋgwɪn 펭권]

hummingbird 벌새
['hʌmɪŋbɜːrd 허밍버ː르드]

parrot 앵무새
['pærət 페럿]

hoopoe 후투티(오디새)
['huːpoʊ 후ː포우]

seagull 갈매기
['siːgʌl 시ː걸]

B

eagle 독수리
['iːgl 이ː글]

woodpecker 딱따구리
['wʊdpekə(r) 우드페커(ㄹ)]

peacock 공작
['piːkɑːk 피ː카ː악]

ostrich 타조
['ɔːstrɪʃ 오ː스트리취]

swan 백조
[swɑːn 스와ː안]

crow 까마귀
[kroʊ 크로우]

sparrow 참새
[spǽroʊ 스패로우]

59

birthday

[ˈbɜːrθdeɪ 버ː르쓰데이] 명 생일

Happy birthday, Jane! 생일 축하해, 제인!
How old are you? 넌 몇살이야?
- I'm twelve years old. 12살이야.
When is your birthday? 네 생일은 언제야?
- My birthday is May 5. 5월 5일이야.

birthday present 생일선물

birthday cake 생일케익

candle 양초

biscuit biscuits

[ˈbɪskɪt 비스킷] 명 비스킷

These biscuits are great favourites with the children.
이들 비스킷은 아이들이 아주 좋아한다.

bit bits

[bɪt 비트] 명 ❶ 작은 조각 ❷ 조금

These trousers are a bit tight. 이 바지가 좀 낀다.

black

[blæk 블랙] 명 검정 형 검정색의

She has black hair. 그녀의 머리카락은 검다.

blackboard blackboards

['blækbɔːrd 블랙보ː르드] 몡 칠판

I copied everything on the blackboard.
나는 칠판에 적혀진 것을 모조리 베껴 썼다.

blank

[blæŋk 블랭크] 형 텅 빈

Sign your name in the blank space below.
아래 빈 칸에 서명을 하시오.

blanket blankets

['blæŋkɪt 블랭킷] 몡 담요

Can I have another blanket please?
담요 한 장 더 갖다 주시겠어요?

blind

[blaɪnd 블라인드] 형 눈먼

After her illness she became blind.
병을 앓고 난 후 그녀는 장님이 되었다.

block blocks

[blɑːk 블라:악] 몡 (나무·돌 따위의) 덩이, 시가의 한 구획

She palys with blocks. 그녀는 블럭을 가지고 놉니다.
It's two blocks from here. 여기서 두 구획을 가시면 있습니다.

blood

[blʌd 블러드] 몡 피, 혈액

Have you ever given blood?
너 헌혈 해봤니?

● 현재완료 **have** + 과거분사

현재완료는 현재를 기준으로 과거로부터 현재에 이르는 때를 나타내며, 일이 완료된 경우,
과거의 행위가 현재까지 영향을 미치는 경우, 경험을 표현하는 경우와 과거부터 현재까지
계속되는 경우를 표현합니다. 현재완료형을 만들 때 사용하는 과거분사란 동사의 3번째 변화형,
예를 들면 **see**에서는 **see-saw-seen**의 **seen**을 가리킵니다.
finish 끝나다 → **finished** 끝마친 / **arrive** 도착하다 → **arrived** 도착하게 된

blossom

['blɑːsəm 블라:썸] 몡 꽃(주로 과실나무 꽃을 말함)

Apple blossoms are white.
사과 꽃은 하얗다.

blouse blouses

[blaʊs 블라우스] 몡 블라우스

I like that white blouse over there.
저기 있는 저 흰 블라우스가 좋아요.

blow blew, blown, blowing, blows

[bloʊ 블로우] (동) 불다

Suddenly the wind blows. 갑자기 바람이 분다.
Blow your nose. 코를 풀어라.
She is blowing up the ballon. 그녀는 풍선을 불고 있다.

blue

[blu: 블루:] (명) 파랑 (형) 파란색의

The sky is blue. 하늘이 파랗다.

board boards

[bɔːrd 보:ㄹ드] (명) 판자, 게시판

They are looking at the board. 그들은 게시판을 보고 있다.

boat boats

[boʊt 보우트] (명) 배

There is a boat on the lake.
호수 위에 배 한 척이 있다.

● there is ~ / there are ~

'~가 있다'라고 할 때 가장 일반적으로 쓰이는 표현은 **There is** ~, **There are** ~.입니다.
주어가 단수일 때 **There is** ~, 복수일 때 **There are** ~.를 씁니다.
There is a vase on the table. 탁자 위에 꽃병이 하나 있습니다.
There are two vases on the table. 탁자 위에 꽃병이 두 개 있습니다.

body bodies

['bɑːdi 바ː디] 명몸

Wash your body. 몸을 씻어라.

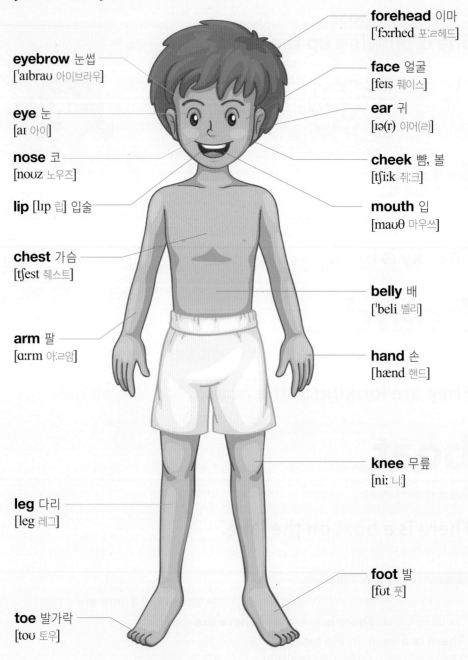

forehead 이마
['fɔːrhed 포ː러헤드]

eyebrow 눈썹
['aɪbraʊ 아이브라우]

face 얼굴
[feɪs 풰이스]

eye 눈
[aɪ 아이]

ear 귀
[ɪə(r) 이어(ㄹ)]

nose 코
[noʊz 노우즈]

cheek 빰, 볼
[tʃiːk 취ː크]

lip [lɪp 립] 입술

mouth 입
[maʊθ 마우쓰]

chest 가슴
[tʃest 췌스트]

belly 배
['beli 벨리]

arm 팔
[ɑːrm 아ː르암]

hand 손
[hænd 핸드]

knee 무릎
[niː 니ː]

leg 다리
[leg 레그]

foot 발
[fʊt 풋]

toe 발가락
[toʊ 토우]

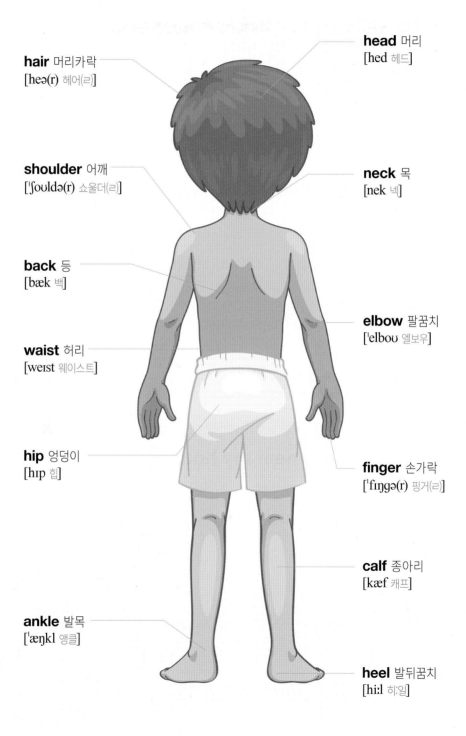

hair 머리카락
[heə(r) 헤어(ㄹ)]

head 머리
[hed 헤드]

B

shoulder 어깨
['ʃoʊldə(r) 쇼울더(ㄹ)]

neck 목
[nek 넥]

back 등
[bæk 백]

elbow 팔꿈치
['elboʊ 엘보우]

waist 허리
[weɪst 웨이스트]

hip 엉덩이
[hɪp 힙]

finger 손가락
['fɪŋgə(r) 핑거(ㄹ)]

calf 종아리
[kæf 캐프]

ankle 발목
['æŋkl 앵클]

heel 발뒤꿈치
[hiːl 히ː일]

bomb bombs

[bɑːm 바:암] 명 폭탄

The bomb went off and killed twelve people.
그 폭탄이 터져서 열 두 사람이 사망했습니다.

bone bones

[boʊn 보운] 명 뼈

I was cold to the bone. 추위가 뼛속까지 스몄다.

book books

[bʊk 북] 명 책

Ally is reading a book. 앨리는 책을 읽고 있다.

bookstore bookstores

[ˈbʊkˌstɔː(r) 북스토오:(ㄹ)] 명 서점, 책방 = **bookshop**

There is a bookstore near my house.
우리집 근처에 서점이 하나 있다.

boot boots

[buːt 부:트] 명 장화, 부츠

The shape of Italy is like boot.
이탈리아는 장화 모양이다.

born

[bɔːrn 보ː러온] 동 <be born으로> 태어나다

A baby was born yesterday. 아기가 어제 태어났다.

borrow borrowed, borrowed, borrowing, borrows

[ˈbɑːroʊ 바ː로우] 동 빌리다 ↔ lend

May I borrow your book? 당신 책을 빌릴 수 있습니까?

boss bosses

[bɔːs 보ː스] 명 두목, 보스, 우두머리, 상관

Don't talk to your boss like that. 상사에게 그런 식으로 말하지 마세요.

both

[boʊθ 보우쓰] 형 양쪽의, 둘 다 부 <both~and로> 둘 다, 양쪽 다

Both of them like swimming.
그들은 둘 다 수영하기를 좋아한다.

He ate both his pie and my pie.
그는 그의 파이도 내 파이도 모두 먹었다.

bottle bottles

[ˈbɑːtl 바ː틀] 명 병

These bottles are empty. 이 병들은 비었다.
a boottle of milk 우유 한 병
two bottles of juice 주스 두 병

bottom bottoms

['bɑːtəm 바ː텀] 몧 아랫부분, 밑바닥 ↔ **top** 꼭대기

Look at the bottom of page 40.
40페이지의 아랫부분을 보시오.

bow bowed, bowed, bowing, bows

[baʊ 바우] 동 절하다, 머리를 숙이다

They bowed to the king.
그들은 왕에게 절을 하였다.

bowl bowls

[boʊl 보울] 몧 그릇, 공기

Put eggs in a bowl. 그릇에 달걀을 넣어라.

bowling

['boʊlɪŋ 보울링] 몧 볼링

Would you like to go bowling next Saturday?
다음 토요일에 볼링 치러 갈래요?

box boxes

[bɑːks 바ː악스] 몧 상자

There is a dragon in the box. 상자 안에 용이 있다.

● 전치사

on
[ɔːn 오·온]

in
[ɪn 인]

below
[bɪˈloʊ 빌로우]

in front of
[ɪn frʌnt ʌv 인 프런트 어브]

between
[bɪˈtwiːn 비트위·인]

under
[ˈʌndə(r) 언더(ㄹ)]

above
[əˈbʌv 어버브]

behind
[bɪˈhaɪnd 비하인드]

boy boys

[bɔɪ 보이] 몡 소년 ↔ girl 소녀

The boy is watching TV. 소년은 TV를 보고 있다.

brain brains

[breɪn 브레인] 몡 두뇌

It makes my brain work better.
그것은 나의 두뇌가 더 잘 활동하게 합니다.

branch branches

[bræntʃ 브랜취] ⑲ 나뭇가지

Monkeys leaped from branch to branch.
원숭이들이 가지에서 가지로 뛰어다녔다.

brave

[breɪv 브레이브] ⑱ 씩씩한, 용감한

The hunter is very brave. 그 사냥꾼은 매우 용감하다.

bread

[bred 브레드] ⑲ 빵

Mom is baking the bread. 엄마가 빵을 굽고 계신다.
a loaf / slice / piece of bread 빵 한 덩이 / 쪽 / 조각

pretzel 프레첼
['pretsl 프렛슬]

baguette 바게트
[bæ'get 배겟]

bun 번빵
[bʌn 번]

croissant 크루아상
[krwɑːˈsɑːnt 크롸ː싸ː안트]

break broke, broken, breaking, breaks

[breɪk 브레이크] ⑧ 깨뜨리다, 부수다

He didn't break your glass. 그는 네 유리를 깨지 않았다.

breakfast

['brekfəst 브렉풔스트] 똉 아침식사

I had a good breakfast.
나는 아침을 맛있게 먹었다.

milk 우유
[mɪlk 밀크]

egg 달걀
[eg 에그]

toast 토스트
[toʊst 토우스트]

sausage 소시지
['sɑːsɪʤ 싸:씨쥐]

breath

[breθ 브레쓰] 똉 숨, 호흡

His breath smelt of onion. 그의 숨[입]에서 양파 냄새가 났다.

breathe breathed, breathed, breathing, breathes

[briːð 브리:쓰] 똉 호흡하다

We can breathe fresh air in the country.
시골에서는 신선한 공기를 호흡할 수 있다.

bridge bridges

[brɪʤ 브리쥐] 똉 다리

Cross the bridge. 다리를 건너시오.

bright

[braɪt 브라이트] 똉 밝은 ↔ dark 어두운

The moon is bright tonight. 오늘 밤 달이 밝다.

bring
brought, brought, brings

[brɪŋ 브링] 동 가져오다, 데려오다

Bring me a cup of tea. 차 한 잔만 갖다 줘.
I brought my cat to school. 나는 학교에 고양이를 데려갔다.

British

['brɪtɪʃ 브리티쉬] 형 영국의

The tours passed the British Museum.
방문객들은 대영박물관을 지나쳤다.

broad

[brɔːd 브로:드] 형 폭이 넓은; 광대한 ↔ **narrow** 좁은

A broad plain spread before us. 우리 앞에 넓은 평원이 펼쳐졌다.

broadcast
broadcasted, broadcasted, broadcasting, broadcasts

['brɔːdkæst 브로:드캐스트] 동 방송[방영]하다

The concert will be broadcast live tomorrow evening.
그 콘서트는 내일 저녁에 생방송된다.

broom
brooms

[bruːm 브루:움] 명 빗자루, 데크브러시(자루와 털이 긴)

There is a broom behind the table.
테이블 뒤에 빗자루가 있습니다.

brother brothers

['brʌðə(r) 브러더(ㄹ)] 몡 남자 형제, 형, 남동생 ↔ **sister** 여자 형제

How many brothers do you have? 형제가 몇 명이에요?
- **I have three brothers, one older and two younger.**
  세 명이요. 한 명은 형이고, 둘은 동생이에요.

brown

[braʊn 브라운] 몡 갈색 혱 갈색의

Her hair is brown. 그녀의 머리는 갈색이다.

brush brushed, brushed, brushing, brushes

[brʌʃ 브러쉬] 몡 붓, 빗 통 붓질[빗질]하다

A dog is being brushed. 개를 빗질해주고 있다.

bubble bubbles

['bʌbl 버블] 몡 거품

My brother likes to blow bubbles.
내 동생은 비누방울 부는 것을 좋아한다.

bug bugs

[bʌg 버그] 몡 곤충, 벌레

There is a bug in my coffee! 커피에 벌레가 들어 있어요!

build built, built, building, builds

[bɪld 빌드] 동 짓다, 건축하다

Henry builds a dog house. 헨리는 개집을 짓는다.

building buildings

[ˈbɪldɪŋ 빌딩] 명 빌딩, 건물

Our school is a four-story building. 우리 학교는 4층짜리 건물이다.

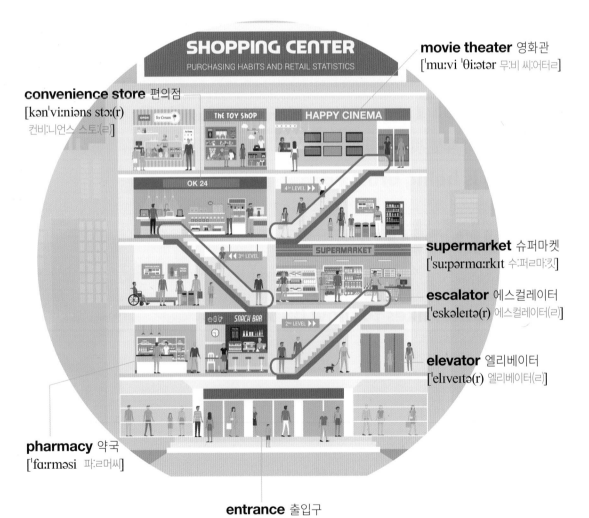

convenience store 편의점
[kənˈviːniəns stɔː(r) 컨비:니언스 스토:(러)]

movie theater 영화관
[ˈmuːvi ˈθiːətər 무:비 씨:어터러]

supermarket 슈퍼마켓
[ˈsuːpərmɑːrkɪt 수:퍼마:킷]

escalator 에스컬레이터
[ˈeskəleɪtə(r) 에스컬레이터(러)]

elevator 엘리베이터
[ˈelɪveɪtə(r) 엘리베이터(러)]

pharmacy 약국
[ˈfɑːrməsi 파:러머씨]

entrance 출입구
[ˈentrəns 엔트런스]

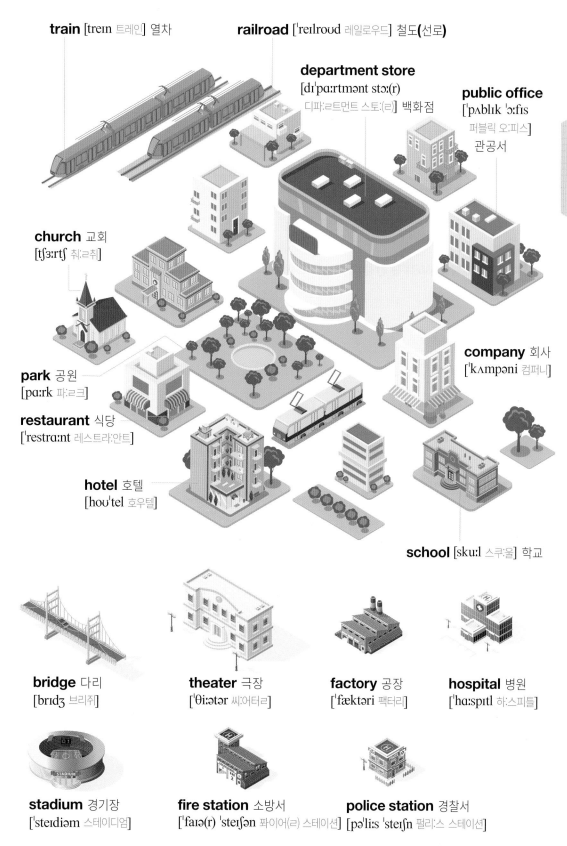

train [treɪn 트레인] 열차

railroad [ˈreɪlroʊd 레일로우드] 철도(선로)

department store [dɪˈpɑːrtmənt stɔː(r) 디파ː르트먼트 스토ː(르)] 백화점

public office [ˈpʌblɪk ˈɔːfɪs 퍼블릭 오ː피스] 관공서

church 교회 [tʃɜːrtʃ 취ː르취]

park 공원 [pɑːrk 파ː르크]

restaurant 식당 [ˈrestrɑːnt 레스트라ː안트]

company 회사 [ˈkʌmpəni 컴퍼니]

hotel 호텔 [hoʊˈtel 호우텔]

school [skuːl 스쿠ː울] 학교

bridge 다리 [brɪdʒ 브리쥐]

theater 극장 [ˈθiːətər 씨ː어터r]

factory 공장 [ˈfæktəri 팩터리]

hospital 병원 [ˈhɑːspɪtl 하ː스피틀]

stadium 경기장 [ˈsteɪdiəm 스테이디엄]

fire station 소방서 [ˈfaɪə(r) ˈsteɪʃən 파이어(르) 스테이션]

police station 경찰서 [pəˈliːs ˈsteɪʃn 펄리ː스 스테이션]

B

bulb bulbs

[bʌlb 벌브] 몡 전구

Edison invented the light bulb. 에디슨은 전구를 발명했다.

burn burned, burned, burning, burns

[bɜːrn 버ː르언] 통 불타다

The steaks were burned. 스테이크가 다 타버렸다.

bus buses

[bʌs 버스] 몡 버스

They are getting on the bus. 그들은 버스에 타고 있다.
They are getting off the bus. 그들은 버스에서 내리고 있다.

bus stop bus stops

[bʌs stɑːp 버스 스타ː압] 몡 버스정류장

The bus just arrived at the bus stop.
버스가 지금 막 버스정류장에 도착했다.

bus driver 버스 운전기사
[bʌs ˈdraɪvə(r) 버스 드라이버(ㄹ)]

passenger 승객
[ˈpæsɪndʒə(r) 패씬줘(ㄹ)]

bush bushes

[bʊʃ 부쉬] 몡 수풀, 덤불

She scratched her foot on a bush.
그녀는 덤불에 발을 할퀴었다.

business

['bɪznəs 비즈너스] 몡 ❶ 사업, 장사 ❷ 일, 업무

He is a man of business. 그는 사업가이다.
What is your business here? 무슨 일로 여기에 오셨습니까?

busy

['bɪzi 비지] 휑 바쁜 ↔ **free** 한가한

I am busy now. 나는 지금 바쁘다.

but

[bʌt 벗] 젭 그러나

I'd like to go, but I can't. 가고 싶은데, 안 돼.
Execuse me, but what time is it? 실례지만, 지금 몇 시예요?

butter

['bʌtə(r) 버터(ㄹ)] 몡 버터

Spread butter on the bread.
빵에 버터를 바르세요.

butterfly butterflies

['bʌtərflaɪ 버터ㄹ플라이] 명 나비

The butterfly is sitting on the flower.

나비가 꽃에 앉아 있다.

chrysalis 번데기
['krɪsəlɪs 크리썰리스]

caterpillar 애벌레
['kætərpɪlə(r) 캐터ㄹ필러(ㄹ)]

egg 알
[eg 에그]

button buttons

['bʌtn 버튼] 명 단추, 버튼

She sewed a button on a coat. 그녀는 코트에 단추를 달았다.
Push the button. 버튼을 누르세요.

buy bought, bought, buying, buys

[baɪ 바이] 동 사다 ↔ **sell** 팔다

I want to buy a melon. 멜론을 사고 싶다.

by

[baɪ 바이] 전 부 ~의 옆에

Ally is by the fence. 앨리는 담장 옆에 있다.

bye

[baɪ 바이] 감 안녕 <헤어질 때의 인사>

Good bye. See you tomorrow. 안녕, 내일 만나자.

Cc

c

cabin cabins

['kæbɪn 캐빈] 명 오두막

There is a cabin in a clearing in the forest.
숲 속의 빈터에 한 채의 오두막이 있다.

cactus cactuses

['kæktəs 캑터스] 명 선인장

This little cactus needs watering once a week.
이 작은 선인장은 1주일에 한 번 물을 줘야 합니다.

cafeteria cafeterias

['kæfə,tɪrijə 캐퍼티리어] 명 카페테리아(셀프 서비스 식당)

Let's meet around three at the school cafeteria.
학교 매점에서 3시쯤에 보자.

● Let's + 동사원형

Let's ~는 '~하자'의 뜻으로 권유를 나타내는 표현입니다.
Let's go. 가자. / **Let's walk.** 걷자.

cage cages

[keɪdʒ 케이쥐] 몡 새장, (동물의) 우리

There is a beautiful canary in the cage.
아름다운 카나리아가 새장에 있다.

cake cakes

[keɪk 케이크] 몡 케이크

Jenny is making a cake.
제니는 케이크를 만들고 있다.

calculate calculated, calculated, calculating, calculates

[ˈkælkjuleɪt 캘큐레이트] 동 계산하다

This formula is used to calculate the area of a circle.
이 공식은 원의 면적을 계산하는 데 쓰인다.

calendar calendars

[ˈkælɪndə(r) 캘린더(ㄹ)] 몡 달력

Andy is hanging up a calendar.
앤디는 달력을 걸고 있다.

month [mʌnθ 먼쓰] 달, 월   **year** [jɪə(r) 이어(ㄹ)] 연, 해

Sunday [ˈsʌnɪˌdeɪ 썬데이] 일요일

Monday [ˈmʌnɪˌdeɪ 먼데이] 월요일

Tuesday [ˈtuːzɪˌdeɪ 튜:즈데이] 화요일

Wednesday [ˈwenzɪˌdeɪ 웬즈데이] 수요일

Thursday [ˈθɜːrzɪˌdeɪ 써:ㄹ즈데이] 목요일

Friday [ˈfraɪˌdeɪ 프라이데이] 금요일

Saturday [ˈsætərˌdeɪ 쌔터ㄹ데이] 토요일

Mon	Tues	Wed	Thurs	Fri	Sat	Sun
	1	2	3	4	5	6
7	8	9	10	11	12	13
14	15	16	17	18	19	20
21	22	23	24	25	26	27
28	29	30	31			

yesterday 어제
[ˈjestərˌdeɪ 예스터ㄹ데이]

today 오늘
[təˈdeɪ 터데이]

tomorrow 내일
[təˈmɑːroʊ 터마:로우]

week [wiːk 위:크] 주   **day** [deɪ 데이] 낮, 하루

call called, called, calling, calls

[kɔːl 코:올] 동 부르다, 전화하다

He gave me a call. 그가 나에게 전화했다.
Mother is calling me. 엄마가 나를 부르신다.

camel camels

['kæməl 캐멀] 명 낙타

You wanted to ride a camel around the desert?
낙타를 타고 사막을 다니고 싶었어요?

camera cameras

['kæmərə 캐머러] 명 사진기, 카메라

The camera is on the bed.
카메라가 침대 위에 있다.

shutter 셔터
['ʃʌtə(r) 셔터(ㄹ)]

lens 렌즈
[lenz 렌즈]

photo 사진
['foʊtoʊ 포우토우]

camp camps

[kæmp 캠프] 명 캠프장, 야영지

There is a camp near the forest.
숲 가까이에 캠프장이 있다.

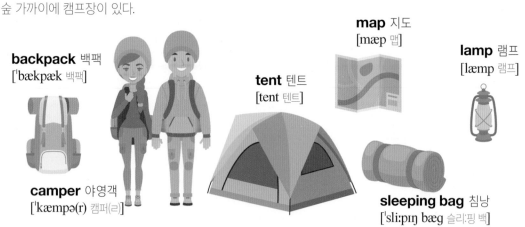

backpack 백팩
['bækpæk 백팩]

camper 야영객
['kæmpə(r) 캠퍼(ㄹ)]

tent 텐트
[tent 텐트]

map 지도
[mæp 맵]

lamp 램프
[læmp 램프]

sleeping bag 침낭
['sliːpɪŋ bæg 슬리:핑 백]

can cans / could

[kæn 캔] 똉 깡통, 캔 조 ~할 수 있다

He began opening a can of tuna.
그가 참치 통조림 하나를 따기 시작했다.

Can I help you? 도와 드릴까요?

cancer cancers

['kænsə(r) 캔써(ㄹ)] 똉 암

Finally, he overcame the cancer.
마침내, 그는 암을 극복했다.

candle candles

['kændl 캔들] 똉 양초

We need three candles. 우리는 양초 세 개가 필요해요.

candy candies

['kændi 캔디] 똉 사탕

Bill loves this candy.
빌은 이 사탕을 너무 좋아한다.

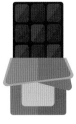

chocolate 초콜릿
['tʃɑːklət 차ː클럿]

lollipop 롤리팝
['lɒlɪpɒp 랄리팝]

gum 껌
[gʌm 검]

cookie 쿠키
['kʊki 쿠키]

cap caps

[kæp 캡] 명 (야구)모자

How much is this cap? 이 야구모자 얼마예요?

● cap과 hat 비교

hat은 중절모자(테 있는 모자) 미국 gang 영화에 나오는 모자로
영화 대부 같은 데서 마피아들이 많이 쓰고 나왔죠.
반면 cap은 주로 운동모자로 야구선수들이 쓰는 종류의 모자입니다.

capital capitals

['kæpɪtl 캐피틀] 명 수도, 대문자 형 주요한

Seoul is the capital of Korea. 서울은 한국의 수도이다.
capital letter 대문자

captain captains

['kæptɪn 캡틴] 명 우두머리, 주장

She is the captain of the team. 그녀는 그 팀의 주장이다.

car cars

[kɑː(r) 카ː(ㄹ)] 명 자동차

The car is nice.
그 차는 멋있다.

engine 엔진
['endʒɪn 엔쥔]

wiper 와이퍼
['waɪpə(r) 와이퍼(ㄹ)]

trunk 트렁크
[trʌŋk 트렁크]

wheel 바퀴
[wiːl 위ː일]

card cards

[kɑːrd 카:ㄹ드] 몡 카드

She sent a birthday card. 그녀는 생일 카드를 보냈다.
I and my brother palyed cards. 나와 동생은 카드를 가지고 놀았다.

cardigan cardigans

['kɑːrdɪgən 카:ㄹ디건] 몡 카디건(앞을 단추로 채우는 스웨터)

I'm getting my dad a cardigan for his birthday.
아빠 생일 선물로 카디건 하나를 사려고요.

care cared, cared, caring, cares

[keə(r) 케어(ㄹ)] 몡 걱정, 주의, 돌봄 동 보살피다, 상관하다

Take care of yourself. 몸 조심해.
I don't care. 난 상관없어.

careful

['keəfəl 케어펄] 혱 주의 깊은, 조심스러운 ↔ **careless** 부주의한

Be careful. 조심해.

careless

['keələs 케어러스] 쥉 부주의한, 조심성 없는

His careless driving caused the accident.
그의 부주의한 운전 때문에 그 사고가 났다.

● -less ~가 없는

명사 뒤에 -less가 붙으면 '~이 없는' 형용사가 돼요.
hopeless 가망없는, **endless** 끝이 없는

carpenter carpenters

['kɑːrpəntə(r) 카:ㄹ펀터(ㄹ)] 쥉 목수, 목공

My father was a carpenter.
아버지는 목수였다.

carrot carrots

['kærət 캐럿] 쥉 당근

Did you put any carrot in this soup?
이 수프에 당근을 넣었습니까?

carry carried, carried, carrying, carries

['kæri 캐리] 쥉 운반하다

He always carries a camera. 그는 항상 카메라를 갖고 다닌다.
She is carring my book. 그녀가 내 책을 옮기고 있다.

cart carts

[kɑːrt 카:ㄹ트] 명 손수레, 카트

The woman is pushing the cart. 여자가 카트를 밀고 있다.

carve carved, carved, carving, carves

[kɑːrv 카:ㄹ브] 동 ~에 조각하다, 새겨 넣다

They carved their names on the wall.
그들은 자기들 이름을 벽에 새겼다.

case cases

[keɪs 케이스] 명 상자, 경우

This is a jewel case. 이것은 보석 상자예요.
This is rare case. 이것은 드문 일이다.

cassette cassettes

[kəˈset 커셋] 명 카세트

I have a cassette recorder. 나는 카세트 녹음기가 있다.

castanets

[ˌkæstəˈnets 캐스터넷츠] 명 캐스터네츠(악기)

The Spanish dancer clicked her castanets in rhythm to the music.
스페인 댄서는 음악의 리듬에 맞추어 캐스터네츠를 연주했다.

castle castles

['kæsl 캐슬] 몡 성, 성채

The castle stands on the hill.
성은 언덕 위에 서 있다.

cat cats

[kæt 캣] 몡 고양이

There are a cat and two kittens.
고양이와 새끼 고양이 두 마리가 있다.

kitten 새끼고양이
['kɪtn 키튼]

catch caught, caught, catching, catches

[kætʃ 캐취] 동 잡다

Catch the ball. 공을 잡아라.
I caught a cold. 나는 감기에 걸렸다.

caterpillar caterpillars

['kætərpɪlə(r) 캐터ㄹ필러(ㄹ)] 몡 애벌레

A caterpillar changes into[to] a butterfly. 애벌레는 나비로 변한다.

cave caves

[keɪv 케이브] 몡 굴, 동굴

There is a treasure in the cave.
동굴 안에는 보물이 있다.

ceiling

['si:lɪŋ 씨:일링] 몡 천장 ↔ **floor** 바닥

This room has a low ceiling.
이 방은 천장이 낮다.

celebrate   celebrated, celebrated, celebrating, celebrates

['selɪbreɪt 쎌리브레이트] 동 ❶ 축하하다 ❷ (의식 따위를) 올리다, 거행하다

We celebrated her birthday.
우리는 그녀의 생일을 축하했다.

They warmly celebrated the festival.
그들은 열렬하게 축제를 거행했다.

cent   cents

[sent 쎈트] 몡 센트 <1달러의 100분의 1>

Please give me ten twenty cent stamps.
20센트짜리 우표 10장 주세요.

penny 페니
['peni 페니]
1센트

nickel 니켈
['nɪkl 니클]
5센트

dime 다임
[daɪm 다임]
10센트

quarter 쿼터
['kwɔːrtə(r) 쿼:르터(ㄹ)]
25센트

center

['sentər 쎈터ㄹ] 몡중앙, 센터

The vase is in the center of the table. 그 꽃병은 테이블 중앙에 있다.

central

['sentrəl 쎈트럴] 휑중심의

Which hotel is said to be near Central Park?
센트럴 파크에 가까운 호텔은 어디라고 하던가요?

century centuries

['sentʃəri 쎈춰리] 몡세기, 백년

This building was built in the nineteenth century.
이 빌딩은 19세기에 지어졌다.

ceremony ceremonies

['serəmoʊni 쎄러모우니] 몡식, 의식

Today, my brother has an entrance ceremony.
오늘은 내 동생 입학식이 있다.

certain

['sɜːrtn 써ː르튼] 휑확신하는, 확실한

Are you certain it's no bother? 정말 전혀 문제가 없어요?

certainly

['sɜ:rtnli 써:ㄹ튼리] (부)반드시, 틀림없이, 확실히

He will certainly succeed in the examination.
그는 틀림없이 시험에 합격할 것이다.

chair chairs

[tʃeə(r) 췌어(ㄹ)] (명) 의자

The dog is on the chair.
개가 의자 위에 있다.

sofa 소파
['soʊfə 소우퍼]

stool 스툴
[stu:l 스투:울]

bench 벤치
[bentʃ 벤취]

highchair 높은 의자
[haɪtʃeə(r) 하이췌어(ㄹ)]

armchair 안락의자
[ɑ:rmtʃeə(r) 아:ㄹ암췌어(ㄹ)]

wheelchair 휠체어
[wi:ltʃeə(r) 위:일췌어(ㄹ)]

chalk chalks

[tʃɔ:k 초:크] (명) 분필

I need a piece of chalk. 분필 한 개가 필요하다.

challenge challenges

['tʃæləndʒ 챌런쥐] 몡 도전

This challenge started quite a long time ago.
이 도전은 꽤 오래전에 시작했다.

champion champions

['tʃæmpiən 챔피언] 몡 (경기의) 선수권 보유자, 챔피언

She is the national champion in table tennis.
그녀는 전국 탁구 챔피언이다.

chance chances

[tʃæns 챈스] 몡 기회

I will give you one more chance. 한 번 더 기회를 줄게.

change changed, changed, changing, changes / changes

[tʃeɪndʒ 췌인쥐] 몽 바꾸다 몡 잔돈

Change your clothes. 옷 갈아 입어.
Keep your change. 잔돈 가지세요.

character characters

['kærəktə(r) 캐릭터(ㄹ)] 몡 성격, 성질

Hamlet is a character in the play.
햄릿은 연극 속의 인물이다.

chase
chased, chased, chasing, chases

[tʃeɪs 췌이스] 동 뒤쫓다, 추격하다

The dog chased the cat out of the garden.
개는 고양이를 정원에서 쫓아버렸다.

cheap

[tʃiːp 취:프] 형 (값이) 싼 ↔ **expensive** 비싼

This note is cheap. 이 공책은 싸다.

check
checked, checked, checking, checks

[tʃek 췌크] 동 (무엇이 제대로 되어 있는지, 안전한지 등을) 살피다, 점검하다

You need to double check a couple of things.
몇 가지 사항을 재확인하셔야 해요.

cheer
cheered, cheered, cheering, cheers

[tʃɪə(r) 취어(ㄹ)] 동 응원하다

Cheer up! You'll do better next time.
기운 내! 다음번에 더 잘 할 수 있을 거야.

cheerful

['tʃɪəfəl 취어펄] 형 쾌활한, 즐거움이 가득 찬

My father looks very cheerful today.
아버지는 오늘 대단히 기분이 좋으신 것 같다.

cheese

[tʃiːz 취:즈] 몡치즈

There is a slice of cheese. 치즈 한 조각이 있다.

cherry cherries

['tʃeri 쉐리] 몡버찌, 체리

Cherries come from cherry trees. 체리 나무에는 체리가 열린다.

chest chests

[tʃest 췌스트] 몡가슴

He crossed his arms over his chest. 그는 가슴 위로 팔짱을 꼈다.

chicken chickens

['tʃɪkɪn 취킨] 몡닭

How much is the chicken? 치킨은 얼마입니까?

child children

[tʃaɪld 촤일드] 몡어린이

I'm looking for a child. 나는 아이를 찾고 있다.

chocolate chocolates

['tʃɑːklət 촤:클럿] 몡초콜릿

Who doesn't like chocolate? 초콜릿 싫어하는 사람도 있어?

choose chose, chosen, choosing, chooses

[tʃuːz 추ː즈] 동 뽑다, 고르다

I don't know what to choose.
무엇을 골라야 할지 모르겠다.

chopstick chopsticks

[ˈtʃɑːpstɪk 촤ː압스틱] 명 젓가락

I usually use chopsticks. 나는 대개 젓가락을 사용한다.

chore chores

[tʃɔː(r) 초ː(ㄹ)] 명 지루한[싫은] 일

Doing house chores is a real bummer!
자질구레한 집안일은 정말 귀찮아!

church churches

[tʃɜːrtʃ 처ːㄹ취] 명 교회

I go to church with my family. 나는 가족들과 교회에 가.

circle circles

[ˈsɜːrkl 써ːㄹ클] 명 원

Draw a circle. 원을 그리시오.

circus circuses

[ˈsɜːrkəs 써ː르커스] 몡 서커스, 곡예

The circus is held every Sunday. 서커스는 매주 일요일마다 열려요.

juggler 곡예사
[ˈdʒʌɡlə(r) 저글러(ㄹ)]

pony 조랑말
[ˈpoʊni 포우니]

acrobat 곡예사
[ˈækrəˌbæt 애크러뱃]

clown 어릿광대
[klaʊn 클라운]

city cities

[ˈsɪti 씨티] 몡 도시

Is that city your hometown? 그 도시가 고향이세요?

clap clapped, clapped, clapping, claps

[klæp 클랩] 동 (손뼉을) 치다

Clap your hands to keep time. 박자를 맞출 수 있도록 박수를 쳐라.

class classes

[klæs 클래스] 몡 교실, 수업

I was late for a class. 나는 수업에 지각을 했다.

classmate classmates

[ˈklæsmeɪt 클래스메이트] 몡 반 친구, 급우

He's my classmate. 그는 나의 동급생이다.

classroom classrooms

['klæsru:m 클래스루:움] ⑲ 교실

My classroom is on the third floor. 우리 교실은 3층에 있다.

teacher 선생님
['ti:tʃə(r) 티·춰리]

bulletin board 게시판
['bʊlətɪn bɔːrd 블러틴 보·ㄹ드]

board 칠판
[bɔːrd 보·ㄹ드]

globe 지구본
[gloʊb 글로우브]

ruler 자
['ruːlə(r) 루·울러(ㄹ)]

chalk 분필
[tʃɔːk 초·크]

desk 책상
[desk 데스크]

chair 의자
[tʃeə(r) 췌어(ㄹ)]

student 학생
['stuːdnt 스튜·든트]

clean cleaned, cleaned, cleaning, cleans

[kliːn 클리:인] 형 깨끗한 동 청소하다 ↔ **dirty** 더러운

Keep your room clean. 방을 깨끗이 해.

broom 빗자루
[bruːm 브루:움]

dustpan 쓰레받기
[ˈdʌstpæn 더스트팬]

clear

[klɪə(r) 클리어(ㄹ)] 형 맑은, 맑게 갠

The water in the pond is very clear.
연못의 물은 매우 맑다.

clearly

[ˈklɪəli 클리어리] 부 뚜렷하게, 명백히

Could you speak more clearly? 좀 더 똑똑히 말해 주시겠어요?

clerk clerks

[klɜːrk 클러:ㄹ크] 명 사무원, <미국> 점원

My sister is a clerk. 나의 누이는 사무원이다.

clever

[ˈklevə(r) 클레버(ㄹ)] 형 영리한, 명석한 ↔ **foolish** 어리석은

The boy is very clever. 그 소년은 매우 영리하다.

climb climbed, climbed, climbing, climbs

[klaɪm 클라임] 동 오르다

Monkeys climb well. 원숭이는 나무에 잘 오른다.

clock clocks

[klɑːk 클라ː악] 명 시계

The clock has stopped.
시계가 멈췄다.

second hand 초침
['sekənd hænd 쎄컨드 핸드]

watch 손목시계
[wɑːtʃ 와ː치]

hour hand 시침
['aʊə(r) hænd 아워(ㄹ) 핸드]

alarm clock 알람시계
[ə'lɑːrm klɑːk 얼라ː르암 클라ː악]

minute hand 분침
['mɪnɪt hænd 미닛 핸드]

close

[kloʊs 클로우스] 형 몹시 가까운, 근접한 = **near**

The tree is close to the house.
그 나무는 집 가까이에 있다.

close closed, closed, closing, closes

[kloʊs 클로우스] 동 닫다 ↔ **open** 열다

Close the door, please. 문을 닫아 주세요.
Close your book, please. 책을 덮어 주세요.
Close your eyes, please. 눈을 감아 주세요.

closet closets

[ˈklɑːzət 클라ː젓] 몡 벽장

He is putting his clothes in the closet.
그는 옷들을 벽장에 넣고 있다.

cloth cloths

[klɔːθ 클로ː쓰] 몡 천, 직물

Mother bought a yard of cloth.
어머니는 1야드의 천을 샀다.

clothes

[kloʊðz; kloʊz 클로우드즈; 클로우즈] 몡 옷

He is putting on his clothes. 그는 옷을 입고 있다.
He is taking off his clothes. 그는 옷을 벗고 있다.
Put on your clothes now. 지금 옷을 입어.
I'll put clothes on your back. 네 뒤에 옷 놓을게.

● clothes와 clothing

clothing과 **clothes**는 둘다 옷이라는 뜻이에요.
clothing은 **clothes**보다 더 격식차린 단어이고, 특히 '특정한 종류의 옷'을 가리킬 때 씁니다.
ex) warm clothing 따뜻한 옷, **protective clothing** 방호복
clothes나 **clothing**은 단수형이 없어요. 따라서 드레스나 셔츠 같은 옷 한 벌을 가리키려면
a piece / an item / an article of clothing이라고 해야 합니다.

shoes [ˈʃuː z 슈ː즈] 구두

muffler [ˈmʌflə(r) 머플러(ㄹ)] 머플러

gloves [glʌvz 글러브즈] 장갑

shirt [ʃɜːrt 셔ː르츠] 와이셔츠

tie [taɪ 타이] 넥타이

button [ˈbʌtn 버튼] 단추

jacket [ˈdʒækɪt 재킷] 재킷

pants [pænts 팬츠] 바지

pocket [ˈpɑːkɪt 파ː킷] 호주머니

handkerchief 손수건
[ˈhæŋkərtʃɪf 행커ㄹ취프]

belt [belt 벨트] 벨트

glasses 안경
[ˈglæsɪz 글래시즈]

sneakers 운동화
[ˈsniːkə(r)z 스니ː커(ㄹ)즈]

handbag 핸드백
['hændbæg 핸드백]

wallet 지갑
['wɑːlət 와:알럿]

high heels 하이힐
[haɪ hiːlz 하이 히:일즈]

coat 코트, 외투
[koʊt 코우트]

blouse 블라우스
[blaʊs 블라우스]

sweater 스웨터
['swetə(r) 스웨터(ㄹ)]

dress [dres 드레스] 드레스

skirt [skɜːrt 스커:ㄹ트] 스커트, 치마

ring [rɪŋ 링] 반지

bracelet 팔찌
['breɪslət 브레이슬럿]

watch 시계
[wɑːtʃ; wɔːtʃ 와:치; 워:치]

earing 귀걸이
['ɪərɪŋ 이어링]

necklace ['nekləs 넥클러스] 목걸이

jeans [dʒiːnz 쥐:인즈] 청바지

boots [buːts 부:ㅊ] 부츠

hat [hæt 햇] 테가 있는 모자

cap [kæp 캡] 모자, 캡

umbrella [ʌmˈbrelə 엄브렐러] 우산

socks [sɑːks 싸:악스] 양말

cloud clouds

[klaʊd 클라우드] 몡 구름

The cloud hid the sun. 구름이 태양을 가렸다.

cloudy

['klaʊdi 클라우디] 혱 흐린, 구름이 많이 낀 ↔ **sunny** 맑은

It is cloudy today. 오늘은 날이 흐리다.

clown clowns

[klaʊn 클라운] 몡 어릿광대

The woman is dressed like a clown. 여자는 어릿광대 차림을 하고 있다.

club clubs

[klʌb 클럽] 몡 동아리, 모임

I joined the tennis club. 나는 테니스 클럽에 가입했다.

coal

[koʊl 코울] 몡 석탄

That stove burns coal, not wood. 저 난로는 나무가 아니라 석탄을 땐다.

coat coats

[koʊt 코우트] 몡 코트

He is wearing a black coat. 그는 검정 코트를 입고 있다.

coffee

[ˈkɔːfi; ˈkɑːfi 코:퓌; 카:퓌] 명 커피

Please, a cup of coffee. 커피 한 잔 주세요.

coin coins

[kɔɪn 코인] 명 동전

What is your hobby? 네 취미가 뭐야?
- My hobby is to collect coins. 내 취미는 동전 모으기야.

cold

[koʊld 코울드] 형 추운, 찬 ↔ **hot** 더운, 뜨거운

It's cold! 차가워요!
I caught a cold. 감기에 걸렸어요.

collect collected, collected, collecting, collects

[kəˈlekt 컬렉트] 동 모으다, 수집하다

I collect fallen leaves every autumn.
매년 가을에 낙엽을 모은다.

college colleges

[ˈkɑːlɪdʒ 카:알리쥐] 명 (단과)대학, **university** 종합대학

My brother goes to college. 나의 형은 대학에 다닌다.

colony colonies

[ˈkɑːləni 카:알러니] 몡 식민지

Once India was a colony of England. 한때 인도는 영국의 식민지였다.

color colors

[ˈkɑːlə(r) 카:알러(ㄹ)] 몡 색

What color do you like? 무슨 색을 좋아해요?
- I like blue. 파란색을 좋아해요.

red 빨강
[red 레드]

orange 주황
[ˈɔːrɪndʒ 오:린쥐]

yellow 노랑
[ˈjeloʊ 옐로우]

green 초록
[griːn 그리:인]

blue 파랑
[bluː 블루:]

navy 남색
[ˈneɪvi 네이비]

purple 보라
[ˈpɜːrpl 퍼:ㄹ플]

brown 갈색
[braʊn 브라운]

pink 분홍
[pɪŋk 핑크]

white 흰색
[waɪt 와이트]

gray 회색
[greɪ 그레이]

black 검정
[blæk 블랙]

comb combed, combed, combing, combs

[koʊm 코움] 명 빗 동 빗질하다

Do you have a comb? 너 머리 빗 있어?

come came, come, comes

[kʌm 컴] 동 오다 ↔ go 가다

Come here. 여기로 와.
Come on. 서둘러.
How come? 왜?

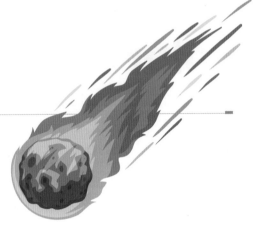

comet comets

[ˈkɑːmət 카멋] 명 혜성

Comets are made of ice and dust.
혜성들은 얼음과 먼지로 만들어져 있다.

comfortable

[ˈkʌmftə(r)bəl 컴프터ㄹ벌] 형 안락한, 기분 좋은

This sofa is very comfortable.
이 소파는 아주 안락하다.

comic

[ˈkɑːmɪk 카ː믹] 형 희극의; 만화의

The comic book was very funny.
그 만화책이 매우 재미있었다.

commercial

[kəˈmɜːrʃəl 커머:ㄹ셜] 형 상업의, 광고방송의

This program has too many commercial breaks.
이 프로그램에는 광고방송이 너무 많다.

common

[ˈkɑːmən 카:먼] 형 보통의, 평범한

Snow is common in this country. 이 나라에서는 눈이 흔히 온다.

communicate communicated, communicated

[kəˈmjuːnɪˌkeɪt 커뮤:니케이트] 동 연락하다, 통신하다; 의사를 소통하다

We communicated by letter. 우리는 편지로 연락했다.

communication communications

[kəˌmjuːnɪˈkeɪʃən 커뮤:니케이션] 명 전달, 통신

All communications are still down. 모든 통신은 아직도 두절입니다.

company companies

[ˈkʌmpəni 컴퍼니] 명 회사

My brother goes to his company every day. 형님은 매일 회사에 나간다.

complain complained, complained, complaining, complains

[kəmˈpleɪn 컴플레인] 동 불평하다, 투덜거리다; 호소하다

He is always complaining. 그는 언제나 불평을 한다.

computer computers

[kəmˈpjuːtə(r) 컴퓨:터(ㄹ)] 圆 컴퓨터

He is playing a computer game. 그는 컴퓨터 게임을 하고 있다.

printer 프린터
[ˈprɪntə(r) 프린터(ㄹ)]

monitor 모니터
[ˈmɑːnɪtə(r) 마:니터(ㄹ)]

mouse 마우스
[maʊs 마우스]

keyboard 키보드
[ˈkiːbɔːrd 키:보:ㄹ드]

concert concerts

[ˈkɑːnsərt 카:안써ㄹ트] 圆 콘서트, 음악회, 연주회

The concert will be held next Sunday. 음악회는 나음 일요일에 열린다.

condition

[kənˈdɪʃən 컨디션] 圆 상태, 조건

The condition of his health is excellent. 그의 건강 상태는 아주 좋다.

contact contacts

[ˈkɑːntækt 카:안택트] 圆 접촉, 연락; 교제

Is there any way I can contact you later? 나중에 연락할 수 없을까요?

contest contests

[ˈkɒntest 칸테스트] 圆 경쟁, 경기, 콘테스트

I'm in a speech contest tomorrow. 내일 스피치 콘테스트에 나가요.

continue
continued, continued, continuing, continues

[kənˈtɪnjuː 컨티뉴:] 동 계속하다, 연속하다, 계속되다 ↔ **stop** 멈추다

The rain continued all day. 비는 종일 계속해서 내렸다.

control
controlled, controlled, controlling, controls

[kənˈtroʊl 컨트로울] 동 지배하다, 관리하다

I could not control my tears.
나는 눈물을 억제할 수가 없었다.

conversation

[ˌkɑːnvərˈseɪʃən 카:안버ㄹ쎄이션] 명 회화, 대화

What is the topic of this conversation? 이 대화의 주제는 무엇인가요?

cook
cooks / cooked, cooked, cooking, cooks

[kʊk 쿡] 명 요리사 동 요리하다

Andy is a cook. 앤디는 요리사예요.

cut 자르다
[kʌt 컷]

boil 끓이다
[bɔɪl 보일]

roll 밀대로 밀다
[roʊl 로울]

stir 젓다
[stɜː(r) 스터:(ㄹ)]

cookie

['kʊki 쿠키] 몧 쿠키

Who bit into the cookie like this? 누가 이 쿠키를 이렇게 베어 먹었니?

cool

[kuːl 쿠:울] 혱 시원한

It's getting cool. 선선해지고 있다.

copy copied, copied, copying, copies

['kɑːpi 카:피] 몧 사본 동 베끼다

Copy this page. 이 페이지를 베껴라.

corn

[kɔːrn 코:ㄹ온] 몧 옥수수, 낟알

The woman is watering the corn. 여자가 옥수수에 물을 주고 있다.

corner corners

['kɔːrnə(r) 코:ㄹ너(ㄹ)] 몧 모서리, 모퉁이

Turn right at the corner. 코너에서 오른쪽으로 도세요.

cost cost, cost, costing, costs

[kɔːst 코:스트] 몧 비용 동 비용이 들다

How much does it cost? 그것은 비용이 얼마나 듭니까?

could

[kʊd 쿠드] 조 ❶ <can의 과거> ~할 수 있었다 ↔ couldn't
❷ <정중한 부탁> ~해 주시겠습니까?

I could not stay any longer.
나는 그 이상 더 머물러 있을 수가 없었다.

Could you tell me the way to the post office?
우체국으로 가는 길을 가르쳐 주시겠습니까?

I couldn't answer his question.
그의 질문에 대답할 수 없었다.

count counted, counted, counting, counts

[kaʊnt 카운트] 동 세다, 계산하다

Let's count from one to ten. 1부터 10까지 세어 보자.

counter counters

[ˈkaʊntə(r) 카운터(ㄹ)] 명 계산대, 카운터

It's right over there on that counter.
바로 저쪽 카운터에 있습니다.

country countries

[ˈkʌntri 컨트리] 명 지역, 나라, 시골

Russia is a big country. 러시아는 큰 나라이다.

countryside

['kʌntrisaɪd 컨트리싸이드] 명 시골

My father was born in the small countryside.
나의 아버지는 작은 시골 마을에서 태어나셨다.

couple

['kʌpl 커플] 명 한 쌍, 둘

A couple is sitting on a bench. 커플이 벤치에 앉아 있다.

course courses

[kɔːrs 코:르스] 명 진로, 과정

I plan to take a computer course. 컴퓨터 수업을 받을 계획이야.

Could you take a picture? 사진 좀 찍어주실래요?
- Of course, I do. 물론이죠.

court

[kɔːrt 코:르트] 명 법정, 법원, (테니스·배구 등의) 코트

Are you still going to court? 여전히 법정까지 가실 건가요?

● **be going to 미래형**

be동사(**am·are·is**)+**-ing**로 이루어진 형태를 진행형이라 하며 '~하고 있는 중이다, ~하고 있다'라는 의미를 나타냅니다. 회화에서는 현재진행형이 예정이나 가까운 미래를 나타내는 표현(미래의 대한 계획이 확실한 경우)으로 자주 쓰입니다.
I am going to see the movie at the weekend.
나는 (이미 계획되어 있어서) 주말에 영화를 볼 예정이다.

cousin cousins

['kʌzn 커즌] (명) 사촌

This is my cousin. 이 분은 제 사촌이에요.

cover coverd, covered, covering, covers

['kʌvə(r) 커버(ㄹ)] (동) 덮다

Cover the child with a blanket. 아이에게 담요를 덮어 주어라.

cow cows

[kaʊ 카우] (명) 젖소, 암소

The cow jumps over the fence. 젖소가 울타리를 뛰어넘는다.

bull 황소
[bʊl 불]

calf 송아지
[kæf 캐프]

crash crashed, crashed, crashing, crashes

[kræʃ 크래쉬] (동) 산산이 부서지다; 충돌하다

A motorcar crashed into another. 자동차가 다른 차와 충돌하였다.

crayon crayons

['kreɪən 크레이언] (명) 크레용

Ally draws with crayons. 앨리는 크레용으로 그림을 그린다.

cream

[kri:m 크리ː임] 똉 크림

I like cream color. 나는 크림색이 좋다.

cricket crickets

[ˈkrɪkɪt 크리킷] 똉 귀뚜라미

You can hear the crickets chirping at night.
밤이면 귀뚜라미가 우는 걸 들을 수 있다.

crime crimes

[kraɪm 크라임] 똉 죄, 범죄

There is no such thing as a perfect crime.
완전범죄란 없다.

crop crops

[krɑːp 크라ː압] 똉 수확, 농작물

The rice crop is early this year. 금년은 벼수확이 이르다.

cross crosses /crossed, crossed, crossing, crosses

[krɔːs 크로ː스] 똉 십자가 똉 가로지르다

He made the sign of the cross.
그는 십자 표시를 했다.

He is crossing the street.
그는 길을 가로지르고 있다.

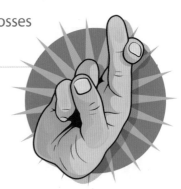

crow

[kroʊ 크로우] 몡 까마귀

His feet are as black as a crow. 그의 발은 까마귀처럼 새까맣다.

crowd

[kraʊd 크라우드] 몡 군중, 다수

There were big crowds of people in the theater.
극장 안은 많은 사람들로 가득 차 있었다.

crowded

['kraʊdɪd 크라우디드] 휑 붐비는, 혼잡한, 꽉 찬

The zoo is crowded with people. 동물원은 사람들로 가득 차 있어요.

crown

[kraʊn 크라운] 몡 왕관

This crown is made of gold. 이 왕관은 금으로 만들었어요.

cry cried, cried, crying, cries

[kraɪ 크라이] 동 울다

The infant began to cry. 그 갓난아이는 울기 시작했다.

Jane, why are you crying? 제인, 왜 울고 있어?
- Because I lost my toy. 제 장난감을 잃어버렸어요.

culture

[ˈkʌltʃə(r) 컬쳐(ㄹ)] 몡 문화

I want to experience more culture.
더 많은 문화 경험을 많이 하고 싶다.

cup cups

[kʌp 컵] 몡 컵

There is a cup of tea on the table.
테이블 위에 차 한 잔이 있다.

cure

[kjʊə(r) 큐어(ㄹ)] 몡 치료

There is now hope of a cure. 이제는 치료 희망이 있다.

curry

[ˈkɜːri 커:리] 몡 카레가루

This curry and rice is very tasty. 이 카레라이스는 아주 맛있어.

curtain curtains

[ˈkɜːrtn 커:ㄹ튼] 몡 커튼

Bill is opening the curtains.
빌은 커튼을 열고 있다.

custom

['kʌstəm 커스텀] 몡 관습, 습관

It was his custom to sleep early. 일찍 자는 것이 그의 습관이었다.

customer customers

['kʌstəmə(r) 커스터머(ㄹ)] 몡 (가게의) 손님, 고객

She is an old customer. 그녀는 오랜 단골이다.

cut cut, cut, cutting, cuts

[kʌt 컷] 동 베다, 자르다

I had my hair cut. 머리카락을 잘랐다.

cute

[kjuːt 큐:트] 몡 귀여운

How cute! How old are you? 귀여워라! 몇 살이니?

cycle cycles

['saɪkl 싸이클] 몡 ❶ 자전거 ❷ 순환

We went for a cycle ride today. 오늘 우리는 자전거를 타러 갔다.

cycling

['saɪklɪŋ 싸이클링] 몡 사이클링, 자전거 타기

They are cycling along the path. 그들은 길을 따라 자전거를 타고 있다.

Dd

dad dads

[dæd 대드] ⓜ 아빠, 아버지 = **daddy, father** ↔ **mom** 엄마

This man is Jenny's dad. 이 남자는 제니의 아빠예요.

damage

[ˈdæmɪdʒ 대미쥐] ⓜ 손해, 피해

The storm didn't do much damage. 폭풍은 큰 피해를 입히지는 않았다.

dance danced, danced, dancing, dances

[dæns 댄스] ⓓ 춤추다

Bill likes to dance. 빌은 춤추는 걸 좋아해요.

danger

[ˈdeɪndʒə(r) 데인줘(ㄹ)] ⓜ 위험 ↔ **safety** 안전 ⓗ 위험한

He is a danger. 그는 위험인물이다.

dangerous

[ˈdeɪndʒərəs 데인줘러스] 형 위험한, 위태로운 ↔ safe 안전한

It is dangerous to cross that street. 저 길을 건너는 것은 위험하다.

dark

[dɑːrk 다ː르크] 형 어두운 ↔ bright 밝은

It is already dark. 날이 벌써 어두워졌다.

date dates

[deɪt 데이트] 명 날짜

What date is it today? 오늘은 며칠이니?
- It's March 7. 3월 7일이요.

daughter daughters

[ˈdɔːtə(r) 도ː터(ㄹ)] 명 딸 ↔ son 아들

She is Mr. Brown's daughter. 그녀는 브라운 씨의 딸입니다.

day days

[deɪ 데이] 명 낮, 하루 ↔ night 밤

Have a nice day. 좋은 하루되세요.

What day was it yesterday? 어제는 무슨 요일이었지?
- It was Tuesday. 화요일이야.

daytime

['deɪtaɪm 데이타임] 명 형 주간(의) ↔ **nighttime** 밤, 야간

The room is dark even in the daytime. 그 방은 낮에도 어둡다.

dead

[ded 데드] 형 죽은 ↔ **alive** 살아있는

He was found dead.
그는 죽어 있었다.

dear

[dɪə(r) 디어(ㄹ)] 형 사랑스러운, 친애하는

To my dear Sumi. 사랑스러운 수미에게.

death

[deθ 데쓰] 명 죽음, 사망 ↔ **birth** 삶

She is facing death. 그녀는 죽음에 직면하고 있다.

December

[dɪˈsembə(r) 디쎔버(ㄹ)] 명 12월

Christmas comes on December 25.
크리스마스는 12월 25일이다.

decide
decided, decided, deciding, decides

[dɪˈsaɪd 디싸이드] 동 결정하다, 결심하다

He **decided** to become a teacher. 그는 교사가 되기로 결심했다.

decision
decisions

[dɪˈsɪʒn 디씨전] 명 결정, 결심

You know more, so I submit to your **decision.**
네가 더 많이 아니까 네 결정에 따를게.

decoration

[ˌdekəˈreɪʃən 데커레이션] 명 장식

We did all the interior **decoration** ourselves.
우리가 직접 모든 실내장식을 했다.

deep

[diːp 디:프] 형 깊은 ↔ **shallow** 얕은

The sea is very **deep.** 바다는 굉장히 깊다.

deer
deers

[dɪə(r) 디어(ㄹ)] 명 사슴

The **deer** is in the forest. 사슴이 숲속에 있다.

delicate

[ˈdelɪkət 델리컷] 혱 가냘픈

His health is delicate. 그는 몸이 허약하다.

delicious

[dɪˈlɪʃəs 딜리셔스] 혱 맛있는

How delicious! 정말 맛있어!

dentist dentists

[ˈdentɪst 덴티스트] 몡 치과의사

I really dread going to the dentist tomorrow.
난 내일 치과에 가는 게 정말 무서워.

department store

[dɪˈpɑːrtmənt stɔː(r) 디파:트먼트 스토:(ㄹ)] 몡 백화점

I went shopping in the department store.
백화점에서 쇼핑을 했다.

desert deserted, deserted, deserting, deserts

[dɪˈzɜːt 디저:트] 몡 사막, 거친 불모의 땅, [dɪzɔ́ːrt 디저:트] 동 버리다

A desert lacks water. 사막에는 물이 없다.

● desert의 발음

desert는 스펠링은 같지만 명사일 때는 [데저르트], 동사일 때는 [디저:르트]로 발음이 돼요.
또 스펠링이 비슷한 **dessert** [디저:르트] '후식'도 비교해서 알아두세요.

desk desks

[desk 데스크] 몡 책상

The cat is under the desk.
고양이가 책상 아래 있다.

drawer 서랍
['drɔːə(r) 드로:어(ㄹ)]

table 탁자
['teɪbl 데이블]

desk 책상
[desk 데스크]

chair 의자
[tʃeə(r) 췌어(ㄹ)]

destroy destroyed, destroyed, destroying, destroys

[dɪ'strɔɪ 디스트로이] 동 부수다, 파괴하다

Many houses were destroyed by the earthquake.
지진으로 많은 집이 파괴되었다.

develop developed, developed, developing, develops

[dɪ'veləp 디벨럽] 동 ❶ 발달시키다, 발달하다 ❷ (사진을) 현상하다

He developed his mind and body.
그는 심신을 발달시켰다.

I want to get his film developed.
저는 이 사진을 현상하고 싶습니다.

dial dials

['daɪəl 다이얼] 몡 글자판, 다이얼

Turn the dial of the radio. 라디오의 다이얼을 돌려라.

diary diaries

['daɪəri 다이어리] 명 일기

I keep a diary everyday.
나는 매일 일기를 쓴다.

dictionary dictionaries

['dɪkʃəneri 딕셔네리] 명 사전

The dictionary is very good. 그 사전은 매우 좋다.

did

[dɪd 디드] 동 do의 과거, 했다 ↔ **didn't**

Yahoo, we did it! 야호, 우리가 해냈어!

Who drawed this picture? 이 그림 누가 그렸니?
- I did. 제가 했어요.
Did you meet Bill yesterday? 어제 빌을 만났니?
- No, I didn't. 아니오, 안 만났어요.

die died, died, dying, dies

[daɪ 다이] 동 죽다

Man must die. 인간은 반드시 죽는다.

difference

['dɪfrəns 디프런스] 몡 다름, 차이

It doesn't make any difference. 그것은 별 차이가 없다.

different

['dɪfrənt 디프런트] 혱 다른, 딴 ↔ **same** 같은

A tiger is different from a lion. 호랑이는 사자와 다르다.

difficult

['dɪfɪkəlt 디퓌컬트] 혱 곤란한, 힘든, 어려운 ↔ **easy** 쉬운

I solved the difficult problems. 나는 어려운 문제들을 풀었다.

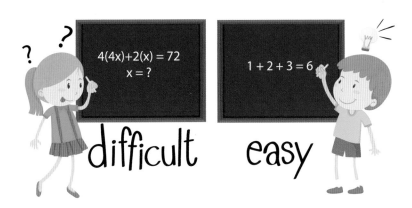

dig dug, dug, digging, digs

[dɪg 디그] 동 파다, 파내다

He is digging the garden. 그는 뜰을 일구고 있다.

dinner

[ˈdɪnə(r) 디너(ㄹ)] 몡 저녁식사, 정찬

Dinner is ready. 식사 준비가 되었다.

beer 맥주
[bɪə(r) 비어(ㄹ)]

spaghetti 스파게티
[spəˈgeti 스퍼게티]

roast beef 쇠고기 구이
[roʊst biːf 로우스트 비ː프]

wine 포도주
[waɪn 와인]

sushi 초밥
[ˈsuːʃi 쑤ː쉬]

steak 스테이크
[steɪk 스테이크]

salad 샐러드
[ˈsæləd 쌜러드]

dinosaur dinosaurs

[ˈdaɪnəsɔː(r) 다이너쏘ː(ㄹ)] 몡 공룡

My son is hooked on dinosaurs these days.
우리 아들은 요즘 공룡에 빠져 있습니다.

direction

[dəˈrekʃən 디렉션] 몡 (위치·이동의) 방향[쪽]

Which direction are you going to? 어느 방향으로 가니?

dirt

[dɜːrt 더ː르트] 몡 진흙, 먼지

Bill's clothes were covered in dirt. 빌의 옷은 먼지 투성이였다.

dirty

[ˈdɜːrti 더:ㄹ티] 혱 더러운 ↔ **clean** 깨끗한

The dog is dirty. 개가 지저분하다.

disappear
disappeared, disappeared, disappearing, disappears

[ˌdɪsəˈpɪə(r) 디써피어(ㄹ)] 됭 보이지 않게 되다, 사라지다

He disappeared behind the wall. 그는 벽 뒤로 사라졌다.

discover

[dɪˈskʌvə(r) 디스커버(ㄹ)] 됭 발견하다, 알게 되다

Columbus discovered America. 콜럼버스는 아메리카를 발견하였다.

dish dishes

[dɪʃ 디쉬] 몡 (깊은) 접시, 큰 접시

I am washing the dishes.
나는 설거지를 하고 있다.

fork 포크
[fɔːrk 포:ㄹ크]

knife 나이프
[naɪf 나이프]

spoon 스푼
[spuːn 스푸:운]

dish 접시
[dɪʃ 디쉬]

bowl 공기
[boʊl 보울]

plate (납작한) 접시
[pleɪt 플레이트]

side plate 곁접시
[saɪd pleɪt 싸이드 플레이트]

do did, done, doing, does

[duː 두ː] 동 하다 ↔ **don't**

Bill didn't do his homework yesterday. 빌은 어제 숙제를 안 했다.
Do your best. 최선을 다해라.

What are you doing? 뭐 하고 있어요?
- I'm talking. 얘기하고 있어요.

cry 울다
[kraɪ 크라이]

eat 먹다
[iːt 이ː트]

read 읽다
[riːd 리ː드]

look 보다
[lʊk 룩]

write 쓰다
[raɪt 라이트]

sit 앉다
[sɪt 씻]

run 뛰다
[rʌn 런]

walk 걷다
[wɔːk 워ː크]

play 놀다, 연주하다
[pleɪ 플레이]

fight 싸우다
[faɪt 파이트]

drive 운전하다
[draɪv 드라이브]

cook 요리하다
[kʊk 쿡]

talk 말하다
[tɔːk 토ː크]

drink 마시다
[drɪŋk 드링크]

cut 자르다
[kʌt 컷]

doctor doctors

[ˈdɑːktə(r) 다:악터(ㄹ)] 몡 의사 ↔ **patient** 환자

He is a doctor. 그 사람은 의사예요.

does

[dʌz 더즈] 통 do의 3인칭 단수, 현재형 ↔ **doesn't**

Everyone does it.
다들 그렇게 해요.

His answer does not apply to the test question.
그의 대답은 그 시험 문제에 적절하지 않다.

Does your mother like cats? 엄마는 고양이를 좋아하시니?
- Yes, she does. 네 좋아해요.
Does he speak English? 그는 영어를 말할 줄 아니?
- No, he doesn't. 아니요, 못 해요.

dog dogs

[dɔːg 도:그] 몡 개

A baby dog is called a puppy.
새끼 개는 '강아지'라고 불린다.

puppy 강아지
[ˈpʌpi 퍼피]

doll dolls

[dɑːl 다:알] 몡 인형

Ally is playing with a new doll.
앨리는 새 인형을 갖고 놀고 있어요.

dollar dollars

[ˈdɑːlə(r) 다:알러(ㄹ)] 몡 달러

It is ten dollars.
10달러입니다.

dolphin dolphins

[ˈdɑːlfɪn 다:알퓐] 몡 돌고래

I like dolphins. 나는 돌고래를 좋아해요.

donkey donkeys

[ˈdɑːŋki; dɔːŋki 다:앙키; 도:옹키] 몡 당나귀

He is riding a donkey. 그는 당나귀를 타고 있다.

door doors

[dɔː(r) 도:(ㄹ)] 몡 문

Knock on the door. 문을 두드리세요.
Push the door. 문을 미세요.

doubt doubted, doubted, doubting, doubts

[daʊt 다우트] 동 의심하다 몡 의심

I doubt whether he is honest.
그가 정직한지 의심스럽다.

down

[daʊn 다운] ㈜ 아래로 ↔ **up** 위로

Don't look down. 아래를 내려다보지 말아요.
Sit down please. 앉아 주세요.

dragon dragons

[ˈdrægən 드래건] ㈎ 용

It's the Year of Dragon next year. 다음 해는 용띠해입니다.

drama dramas

[ˈdrɑːmə 드라:머] ㈎ 극, 연극

Why don't you join the drama group? 연극반에 드는 게 어때?

draw drew, drawn, drawing, draws

[drɔː 드로:] ㈁ 그리다, 당기다

Draw the curtains. 커튼을 당겨라.
Let's draw the dog. 개를 그려 보자.

drawing

[ˈdrɔːɪŋ 드로:잉] ㈎ 그림

The girl is drawing with crayons.
소녀가 크레용으로 그림을 그리고 있다.

dream dreamed, dreamed, dreaming, dreams

[dri:m 드리:임] 명 꿈 동 꿈꾸다

His dream came true. 그의 꿈이 실현되었다.
I had a bad dream. 나는 악몽을 꾸었다.

dress dressed, dressed, dressing, dresses

[dres 드레스] 명 의복, 드레스 동 옷을 입히다

This dress is nice. 이 드레스는 멋있어.

drink drank, drunk, drinking, drinks

[drɪŋk 드링크] 동 마시다

She drank too much water. 그녀는 물을 너무 많이 마셨어요.
Drink lots of water. 물을 많이 마셔라.
I want something to drink. 마실 것을 원해요.

drive drove, driven, driving, drives

[draɪv 드라이브] 동 운전하다 명 드라이브, 자동차 여행

My mother drove me to school. 엄마가 학교에 자동차로 태워다 주셨다.
They enjoyed a drive. 그들은 드라이브를 즐겼다.

ride a bike 자전거를 타다

take a bus 버스를 타다

drive a car 차를 운전하다

driver drivers

[ˈdraɪvə(r) 드라이버(ㄹ)] 명 운전사, 운전기사

The taxi driver was very kind to me. 그 택시 운전기사는 매우 친절했다.

drop drops / dropped, dropped, dropping, drops

[drɑːp 드라:압] 명 (물)방울 동 떨어뜨리다

I dropped my wallet somewhere. 나는 어디선가 지갑을 떨어뜨렸다.
a drop of water 물 한 방울

drum drums

[drʌm 드럼] 명 북

He is playing a drum.
그는 북을 치고 있다.

dry dried, dried, drying, dries

[draɪ 드라이] 형 건조한 동 말리다 ↔ **wet** 젖은

My hands are dry now.
이제 손이 다 말랐어요.

duck ducks

[dʌk 덕] 명 오리

This duck is cute.
이 오리는 귀엽다.

duckling 오리새끼
[ˈdʌklɪŋ 더클링]

during

['djʊərɪŋ 듀어링] 젠 ~하는 동안에, ~중에

Do your homework during the holidays.
휴가 동안에 숙제를 해라.

Selly went the English camp during summer vacation.
셀리는 여름 방학 동안 영어 캠프에 갔다.

campfire 캠프파이어
['kæmpfaɪə(r) 캠프파이어(ㄹ)]

tent 텐트
[tent 텐트]

dust

[dʌst 더스트] 명 먼지, 티끌

The desk is covered with dust.
책상에 먼지가 쌓여 있다.

Ee

E

each

[iːtʃ 이ː취] ㉻ 각자, 각각

He gave two pencils to each of them.
그는 그들 각자에게 연필 두 자루씩을 주었다.

Look at each other. 서로 바라보시오.

ear _{ears}

[ɪə(r) 이어(ㄹ)] ㉱ 귀

Rabbits have big ears.
토끼는 귀가 크다.

early

[ˈɜːrli 어ːㄹ얼리] ㉗ 이른 ㉴ 일찍 ↔ **late** 늦은

I get up early. 나는 일찍 일어난다.

earmuff _{earmuffs}

[ˈiərmʌf 이어ㄹ머프] ㉱ 귀마개

He wears earmuffs in winter.
그는 겨울에 귀마개를 한다.

earn earned, earned, earning, earns

[ɜːrn 어ː르언] ⑧ (생활비를) 벌다

A man works to earn his money. 그는 돈을 벌기 위해서 일한다.

earth

[ɜːrθ 어ː르쓰] ⑲ 지구, 땅

The earth is round. 지구는 둥글다.

earthworm 지렁이
[ˈɜːrθwɜːrm 어ː르쓰워ː르엄]

easily

[ˈiːzəli 이ː절리] ⑨ 쉽게, 수월하게

I could do the test easily.
나는 그 시험을 쉽게 치를 수 있었다.

east

[iːst 이ː스트] ⑲ 동쪽 ⑱ 동쪽의

The sun rises in the east. 해는 동쪽에서 뜬다.

north [nɔːrθ 노ː르쓰] 북쪽

west
[west 웨스트] 서쪽

east
[iːst 이ː스트] 동쪽

south [saʊθ 사우쓰] 남쪽

easy

['i:zi 이:지] 휑 쉬운 ↔ difficult 어려운

The work is easy. 그 일은 쉽다.

eat ate, eaten, eating, eats

[i:t 이:트] 동 먹다

I ate a hambuger for lunch. 점심으로 햄버거를 먹었다.

> **What do you want to eat for lunch?** 점심으로 뭐 먹고 싶어?
> **- I want to eat some hambugers.** 햄버거 먹고 싶어요.

edge edges

[edʒ 에쥐] 명 가장자리, 테두리

I hit the table edge on. 테이블 가장자리에 부딪쳤다.

education

[ˌedʒuˈkeɪʃən 에쥬케이션] 명 교육

Home education is as important as school education.
가정 교육은 학교 교육 못지않게 중요하다.

effect effects

[ɪˈfekt 이펙트] 명 효과

This medicine is of no effect.
이 약은 효과가 없다.

egg eggs

[eg 에그] 명 달걀

This is a fresh egg. 이것은 신선한 달걀이다.

How do you like your eggs? 달걀은 어떻게 해드릴까요?
- Sunny-side up, please. 반숙으로 해주세요.

boiled egg
삶은 달걀

scrambled egg
스크램블드 에그,
풀어·익힌 달걀

sunny-side up
한쪽만 익힌

eight

[eɪt 에잇] 명 8, 여덟

How much is eight minus eight?
8 빼기 8은 얼마입니까?

eighth 8번째
[eɪtθ 에잇쓰]

eighteen 18
[ˌeɪˈtiːn 에이티::인]

eighty 80
[ˈeɪti 에이티]

either

['aɪðə(r); 'iːðə(r)]　젭 <either~ or~로> ~이든가 또는 ~이든가(어느 쪽인가)

[아이더(ㄹ); 이더(ㄹ)]　튄 <not~ either로> ~도 또한 ~않다

Can you speak either English or French?
너는 영어나 프랑스어를 할 줄 아니?
- No, I don't either. 둘다 못해요.

I don't like snakes. 나는 뱀을 싫어해.
- I don't, either. 나도 싫어해.

electric

[ɪ'lektrɪk 일렉트릭] 혱 전기의

He played the electric guitar. 그는 전기 기타를 연주했다.

elegant

['elɪɡənt 엘리건트] 혱 (인품 등이) 기품 있는, 품위 있는

The hotel is elegant. 그 호텔은 품위 있다.

elephant elephants

['elɪfənt 엘러펀트] 몡 코끼리

The largest animal is the African elephant.
가장 큰 동물은 아프리카코끼리이다.

● **large의 최상급**

형용사에 **-est**를 붙이면 '가장 ~한'이란 뜻이되요. **-er**을 붙이면 '더 ~한'이 되지요.
long 긴 **longer** 더 긴 **longest** 가장 긴 / **fast** 빠른 **faster** 더 빠른 **fastest** 가장 빠른

elevator elevators

[ˈelɪveɪtə(r) 엘리베이터(ㄹ)] 똉 엘리베이터, 승강기 <영국> **lift**

Is this elevator going up? 이 엘리베이터 올라갑니까?

eleven

[ɪˈlevn 일레븐] 똉 11, 열 하나

I'm eleven years old. 나는 11살이다.

else

[els 엘스] 뷔 그밖에, 그 외에

What else do you want to eat? 그 외에 또 무엇을 드시겠습니까?

empty emptied, emptied, emptying, empties

[ˈempti 엠티] 휑 빈 똥 비우다

The basket was empty. 그 바구니는 비어 있었다.

end ended, ended, ending, ends

[end 엔드] 똉 끝 똥 끝내다

The end of the movie was fine. 영화의 결말은 괜찮았다.

energy

['enərdʒi 에너ㄹ쥐] 몡 정력, 활기, 에너지

He is full of energy. 그는 활력이 넘쳐흐른다.

engine engines

['endʒɪn 엔쥔] 몡 기관, 엔진

The engine died. 엔진이 멈췄다.

engineer engineers

[ˌendʒɪˈnɪə(r) 엔쥐니어(ㄹ)] 몡 기사, 기술자

My father is an engineer. 우리 아버지는 기술자이다.

● -er

단어 끝에 **-er**이 붙으면 '~를 하는 사람이나 도구, 기계' 등을 나타내요.
lover 연인, **computer** 컴퓨터. 어떤 단어는 **-or**이 붙기도 해요. **actor** 배우

enjoy enjoyed, enjoyed, enjoying, enjoys

[ɪnˈdʒɔɪ 인조이] 동 즐기다

He enjoyed swimming yesterday. 그는 어제 수영을 즐겼다.
I enjoyed playing tennis during the holiday.
나는 휴가기간 동안 테니스를 즐겼다.

Enjoy yourself! 재미있게 지내요!
Enjoy your lunch. 점심 맛있게 드세요.

enough

[ɪ'nʌf 이너프] 형 충분한 부 충분히

Take enough vitamin C. 비타민 C를 충분히 섭취하세요.

enter
entered, entered, entering, enters

['entə(r) 엔터(ㄹ)] 동 들어가다, 입학하다

We entered the house through the front door.
우리는 정문을 통해 그 집에 들어갔다.

entrance 입구
['entrəns 엔트런스]

envelope
envelopes

['envəloup 엔벌로웁] 명 봉투

She inserted the letter into an envelope.
그녀는 봉투에 편지를 집어넣었다.

environment

[ɪn'vaɪrənmənt 인바이런먼트] 명 환경

She was very interested in the environment.
그녀는 환경에 매우 관심이 있었다.

equipment

[ɪ'kwɪpmənt 이큅먼트] 명 장비, 설비

There is more equipment than before. 전보다 장비가 더 늘었다.

erase
erased, erased, erasing, erases

[ɪˈreɪs 이레이스] 동 지우다

I erased my picture. 나는 내 그림을 지웠다.

eraser 지우개
[iréizər 이레이저]

especially

[ɪˈspeʃəli 이스페셜리] 부 특히, 유달리

It is especially cold this morning. 오늘 아침은 특히 춥다.

ethnic

[ˈeθnɪk 에쓰닉] 형 민족[종족]의

We are one ethnic race speaking one language.
우리는 한 언어를 사용하는 단일민족이다.

even

[ˈiːvn 이:븐] 부 ~조차, ~마저

Even a child can do it. 어린아이조차도 그것을 할 수 있다.

evening

[ˈiːvnɪŋ 이:브닝] 명 저녁

Good evening.
안녕하세요. <저녁인사>

event events

[ɪˈvent 이벤트] 몡 생긴 일, 사건

The Olympics are a great event. 올림픽 대회는 큰 행사이다.

ever

[ˈevə(r) 에버(ㄹ)] 몬 전에, 이제까지

He studied harder than ever. 그는 전보다 더 열심히 공부하였다.

Have you ever seen a tiger? 전에 호랑이를 본 적이 있니?
- **Yes, I have.** 네, 있어요.
- **No, I've never seen it.** 아니오, 본 적 없어요.

every

[ˈevri 에브리] 혱 모든, 모두의

Every morning the sun rises. 매일 아침 해가 떠오른다.
She goes to church every Sunday. 그녀는 매주 일요일에 교회에 간다.

everybody

[ˈevribɑːdi 에브리바:디] 떼 누구나 다, 모두

Everybody was in the class. 모두 교실에 있었다.
Everybody has a ball. 누구나 다 공을 가지고 있다.

everyone

['evri,wʌn 에브리원] (대) 모든 사람, 모두

Everyone in the room laughed. 방에 있던 모든 사람이 웃었다.
Hello, everyone. 안녕하세요. 여러분.

everything

['evriθɪŋ 에브리씽] (대) 모든 것, 전부

Everything is ready. 모든 것이 준비되어 있다.

everywhere

['evriweə(r) 에브리웨어(ㄹ)] (부) 어디에나

I looked everywhere but I can't find it.
모든 곳을 찾아봤지만 찾을 수가 없어.

exactly

[ɪg'zæktli 이그잭틀리] (부) 정확히

So what do you mean exactly? 그럼 정확히 무슨 말씀이세요?

examination examinations

[ɪg,zæmɪ'neɪʃən 이그재미네이션] (명) 시험, 테스트; 검사

We had an examination yesterday.
우리는 어제 시험이 있었다.

example

[ɪgˈzæmpl 이그잼플] 명 예, 보기

Here is an example. 여기에 예문이 하나 있다.
for example 예를 들면

excellent

[ˈeksələnt 엑썰런트] 형 우수한, 아주 좋은

He is an excellent musician. 그는 뛰어난 음악가이다.
You can all pass? Excellent! 너희 다 합격할 수 있다고? 정말 잘됐다!

Good job. 잘했어.

Terrific. 아주 좋아.

Well done. 잘했어.

except

[ɪkˈsept 익셉트] 전 ~을 제외하고는, 이외는

We go to school every day except Saturday and Sunday.
우리는 토요일과 일요일을 빼고는 매일 학교에 간다.

excite excited, excited, exciting, excites

[ɪkˈsaɪt 익싸이트] 동 흥분시키다

It was an exciting game. 흥미진진한 경기였다.

excited

[ɪkˈsaɪtɪd 익싸이티드] 형 흥분한

Everyone was excited. 모두들 들떠 있었다.

exciting

[ɪkˈsaɪtɪŋ 익싸이팅] 형 흥분시키는, 재미있는

The game was exciting. 그 경기는 매우 재미있었다.

● excited와 exciting

I was so excited. 나는 정말 흥분되었어. **It was so exciting**. 그것은 정말 흥미로웠어. 주어가 다르지요. **excited**는 내가 흥분이 된 것이고, **exciting**는 무엇이 흥미있게 만든 거예요. **Something exctiing is making you feel excited**. 어떤 **exciting** 한 것은 너를 **excited** 하게 만든다. 이렇게 외워두세요.

excuse excused, excused, excusing, excuses

[ɪkˈskjuːs 익스큐:스] 명 변명, 구실 동 용서하다

That's no excuse. 그건 변명거리가 안 돼요.

Execuse me, but can you take a picture?
실례지만, 사진 좀 찍어주실래요?

- Sure. 물론이죠.

exercise exercised, exercised, exercising, exercises

[ˈeksərsaɪz 엑써ㄹ싸이즈] 명 운동, 연습 동 운동하다

Jogging is a good exercise.
조깅은 좋은 운동이다.

expect
expected, expected, expecting, expects

[ɪkˈspekt 익스펙트] ⑧ 기대[예상]하다

Yes, I don't expect to be long.
네, 그렇게 오래 걸리지는 않을 거예요.

expensive

[ɪkˈspensɪv 익스펜씨브] ⑧ 값비싼 ↔ **cheap** 값싼

That's too expensive.
그건 너무 비싸요.

experience

[ɪkˈspɪriəns 익스피어리언스] ⑲ 경험, 체험

He has much experience as a teacher.
그는 교사로서의 경험이 풍부하다.

experiment
experiments

[ɪkˈsperɪmənt 익스페리먼트] ⑲ 실험

I was excited about the experiment.
나는 그 실험에 흥미를 느꼈다.

explain
explained, explained, explaining, explains

[ɪkˈspleɪn 익스플레인] ⑧ 설명하다, 명백하게 하다

She explained the meaning of the word.
그녀는 그 단어의 뜻을 설명하였다.

express
expressed, expressed, expressing, expresses

[ɪkˈspres 익스프레스] 통 말로 나타내다, (감정을) 표현하다, 나타내다

We express our feelings by words.
우리는 감정을 말로 나타낸다.

expression
expressions

[ɪkˈspreʃən 익스프레션] 명 표현, 표정

He didn't change his facial expression once.
그는 절대 얼굴 표정을 바꾸지 않았다.

eye
eyes

[aɪ 아이] 명 눈

Close one of your eyes.
한쪽 눈을 감으세요.

eyebrow 눈썹
[ˈaɪˌbraʊ 아이브라우]

pupil 눈동자
[ˈpjuːpl 퓨플]

eyelash 속눈썹
[ˈaɪlaʃ 아이라쉬]

F f

face

[feɪs 풰이스] 명 얼굴

My face dimples with a smile. 내 얼굴은 웃을 때 보조개가 생긴다.

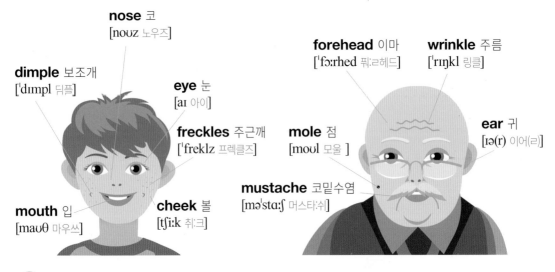

nose 코
[noʊz 노우즈]

dimple 보조개
[ˈdɪmpl 딤플]

eye 눈
[aɪ 아이]

freckles 주근깨
[ˈfreklz 프렉클즈]

mouth 입
[maʊθ 마우쓰]

cheek 볼
[tʃiːk 취:크]

forehead 이마
[ˈfɔːrhed 풔:ㄹ헤드]

wrinkle 주름
[ˈrɪŋkl 링클]

mole 점
[moʊl 모울]

ear 귀
[ɪə(r) 이어(ㄹ)]

mustache 코밑수염
[məˈstɑːʃ 머스타:쉬]

fact facts

[fækt 팩트] 명 사실

That's the fact. 그것이 사실이다.

factory factories

[ˈfæktri; ˈfæktəri 팩트리; 팩터리] 명 공장

Jack works nights at a factory. 잭은 밤에 공장에서 일한다.

fail
failed, failed, failing, fails

[feɪl 페일] 통 실패하다 ↔ **succeed** 성공하다

He failed in the entrance examination. 그는 입학시험에 떨어졌다.

fair

[feə(r) 페어(ㄹ)] 형 공정한 ↔ **unfair** 불공정한

That sounds like a fair deal. 공평한 것 같군.

fairy
fairies

['feri 풰리] 명 요정

Ava is falling into fairies these days. 아바는 요즘 요정들에게 빠져있다.

fall
fell, fallen, falling, falls

[fɔːl 포:올] 통 떨어지다 명 가을 = **autumn**

Leaves are falling.
나뭇잎이 떨어지고 있다.

Bill fell down the stairs.
빌은 계단에서 떨어졌다.

family families

[ˈfæməli 패멀리] 명 가족

That is my family. 저 사람들은 나의 가족이에요.

father 아버지
[ˈfɑːðə(r) 퐈:더(ㄹ)]

uncle 삼촌
[ˈʌŋkl 엉클]

aunt 작은 엄마
[ænt 앤트]

mother 어머니
[ˈmʌðə(r) 머더(ㄹ)]

I(me) 나
[aɪ(miː) 아이(미ː)]

brother 남자형제
[ˈbrʌðə(r) 브러더(ㄹ)]

grandmother 할머니
[ˈɡrænmʌðə(r) 그랜머더(ㄹ)]

grandfather 할아버지
[ˈɡrænfɑːðə(r) 그랜퐈:더(ㄹ)]

sister 여자형제
[ˈsɪstə(r) 씨스터(ㄹ)]

famous

[ˈfeɪməs 퐤이머스] 형 유명한

He is a famous actor. 그는 유명한 배우이다.

fan fans

[fæn 팬] 몡 ❶ 선풍기 ❷ 팬

The fan is on the table. 선풍기는 테이블 위에 있다.
I am a huge fan of the baseball player. 나는 그 야구선수의 광팬이다.

far

[fɑː(r) 파ː(ㄹ)] 몜 멀리 ↔ **near** 가까이

He lives far from here. 그 사람은 여기서 멀리 떨어져 산다.

faraway

[ˈfɑːrəweɪ 파ː러웨이] 혱 먼, 멀리의

He traveled to a faraway land. 그는 먼 곳으로 여행했다.

fare fares

[feə(r) 페어] 몡 운임, 요금

The bus fare is 1,200 won a section.
버스 요금은 구간 1200원이다.

farm farms

[fɑːrm 파ːㄹ암] 몡 농장

He works on the farm.
그는 농장에서 일한다.

farmer 농부
['fɑːrmə(r) 퐈ː르머(르)]

sheep 양
[ʃiːp 쉬ː입]

horse 말
[hɔːrs 호ː르스]

farmhouse 농가
['fɑːrmhaʊs 퐈ː르암하우스]

hay 건초
[heɪ 헤이]

apple tree 사과나무
['æpl triː 애플 트리ː]

fence 울타리
[fens 펜스]

hen 암탉
[hen 헨]

rooster 수탉
['ruːstə(r) 루ː스터(르)]

chick 병아리
[tʃɪk 취크]

tractor 트랙터
['træktə(r) 트랙터(르)]

pig 돼지
[pɪg 피ː그]

cow 소
[kaʊ 카우]

duck 오리
[dʌk 떡]

frog 개구리
[frɔːg; frɑːg 프로ː그; 프라ː그]

farmer farmers

['fɑːrmə(r) 퐈:ㄹ머(ㄹ)] 몡 농부

A farmer gets up early in the morning.
농부는 아침 일찍 일어난다.

fast

[fæst 패스트] 혱 빠른 붜 빨리 ↔ slow 느린

That car is fast. 저 차는 빨라.

fat

[fæt 팻] 혱 살찐 ↔ thin 마른

The boy is fat. 소년은 뚱뚱하다.

father

['fɑːðə(r) 퐈:더(ㄹ)] 몡 아버지 ↔ mother 엄마

My father is a policeman.
우리 아버지는 경찰이야.

fault faults

[fɔːlt 포:올트] 몡 과실, 잘못

That was my fault.
그건 제 잘못이었습니다.

favorite

['feɪvrɪt 페이프릿] 형 마음에 드는, 매우 좋아하는 명 매우 좋아하는 사람, 물건

Spaghetti and pizza are my brother's favorite.
스파게티와 피자는 내 동생이 제일 좋아하는 것이다.

> **Who is your favorite singer?** 가장 좋아하는 가수는 누구니?
> - **My favorite singer is BTS.** 내가 제일 좋아하는 가수는 방탄소년단이에요.

fear

['fɪɚ 퓌어ㄹ] 명 두려움, 공포

He cried for fear. 그는 무서워서 고함을 질렀다.

feather feathers

['fɛðɚ 풰더ㄹ] 명 깃털, 깃

The little bird is now in full feather! 그 작은 새가 이제 깃털이 다 났네!

February

['fɛbjəˌweri 풰버웨리] 명 2월

February is the shortest month of the year.
2월은 일 년 중 가장 짧은 달이다.

It's February seventh.
2월 7일입니다.

feel felt, felt, feeling, feels

['fiːl 퓌ː일] ⑧ 느끼다

I felt sorry for her. 그녀에게 미안하다고 느꼈다.
She feels cold. 그녀는 춥다고 느껴요.

How do you feel now? 지금 기분 어때?
- I feel happy. 행복해.

feeling feelings

['fiːlɪŋ 퓌ː일링] ❶ 감각, 느낌 ❷ <feelings로> 감정

Can you tell me your feeling now? 지금 네 감정을 말해줄 수 있니?
- I'm nervous. 긴장 돼요.

happy 행복한
['hæpi 해피]

surprised 놀란
[sərˈpraɪzd 써르프라이즈드]

cheerful 명랑한
['tʃɪəfl 취어플]

angry 화난
['æŋgri 앵그리]

scared 겁먹은
[skeəd 스케어드]

sad 슬픈
[sæd 쌔드]

lonely 외로운
['loʊnli 로운리]

disappointed 실망한
[ˌdɪsəˈpɔɪntɪd 디써포인티드]

shy 수줍은
[ʃaɪ 샤이]

tired 피곤한
['taɪərd 타이어르드]

mad 미친
[mæd 매드]

bored 지루한
[bɔːrd 보ː르드]

F

fence

[fens 펜스] 몡 울타리, 담

The fence stands in front of a plant. 울타리가 식물 앞에 서 있다.

gate [geɪt 게이트]

fence [fens 펜스]

festival festivals

[ˈfestɪvl 페스터블] 몡 축제, 축제일

There's many festivals in October. 10월에는 많은 축제가 있다.

fever

[ˈfiːvə(r) 퓌:버(ㄹ)] 몡 (병으로 인한) 열, 발열

I have a slight fever today. 오늘 제가 열이 좀 있어요.

few

[fjuː 퓨:] 혱 거의 없는 ↔ **many** 많은

There are a few apples in the basket.
바구니 안에 사과가 몇 개 있다.

There were few people in the classroom.
교실에는 사람들이 거의 없었다.

field fields

[fiːld 피:일드] 명 들판, 경기장

The farmer works in the field. 농부가 들에서 일한다.

field trip 현장학습   field day 야외운동회   rice field 논

fight fought, fought, fighting, fights

[faɪt 파이트] 명 싸움 동 싸우다 = **quarrel**

The fight is not over yet. 아직 싸움은 끝나지 않았다.

fill filled, filled, filling, fills

[fɪl 필] 동 채우다

Fill the glass with water.
유리잔에 물을 채우세요.

Fill in the blanks.
빈 칸을 채우시오.

film films

[fɪlm 필름] 명 영화, 필름

We saw a film about dogs. 우리는 개에 관한 영화를 봤다.

finally

['faɪnəli 파이널리] (부) 최후에, 마침내

Finally, the game was over. 드디어 경기가 끝났다.

find
found, found, finding, finds

[faɪnd 파인드] (동) 찾다

I found my book. 나는 내 책을 찾았다.
Did you find your wallet? 지갑 찾았어요?

fine

[faɪn 파인] (형) 좋은, 훌륭한

That's fine. 좋습니다.

finger
fingers

['fɪŋɡə(r) 핑거(ㄹ)] (명) 손가락

My fingers are very long.
내 손가락은 매우 길다.

middle finger 가운데 손가락
['mɪdl 'fɪŋɡə(r) 미들 핑거(ㄹ)]

ring finger 약손가락
[rɪŋ 'fɪŋɡə(r) 링 핑거(ㄹ)]

forefinger 집게손가락
[fɔː(r)'fɪŋɡə(r) 포어(ㄹ):핑거(ㄹ)]

little finger 새끼손가락
['lɪtl 'fɪŋɡə(r) 리틀 핑거(ㄹ)]

thumb 엄지손가락
[θʌm 썸]

finish
finished, finished, finishing, finishes

['fɪnɪʃ 피니쉬] (동) 끝내다

Have you finished your homework? 숙제 끝냈니?
- Almost. 거의 끝났어요.

fire

fire station 소방서

fire fighter 소방수

fire engine 소방차

[ˈfaɪə(r) 파이어(ㄹ)] 몡 불

A fire broke out.
불이 났다.

fire station fire stations

[ˈfaɪə(r) ˈsteɪʃən 파이어(ㄹ) 스테이션] 몡 소방서

He volunteered at the fire station.
그는 소방서에서 자원봉사 활동을 했다.

fire fighter fire fighters

[ˈfaɪə(r) ˈfaɪtə(r) 파이어(ㄹ) 파이터(ㄹ)] 몡 소방관

He wants to become a fire fighter. 그는 소방관이 되고 싶어한다.

firefly fireflies

[ˈfaɪərflaɪ 파이어ㄹ플라이] 몡 개똥벌레, 반딧불이

It was not a firefly. 그것은 반딧불이가 아니었다.

first

[fɜːrst 풔ːㄹ스트] 혱 첫(번)째의, 최초의 ↔ last 최후의

January is the first month of the year. 1월은 한 해의 첫째 달입니다.

F

fish fish

[fɪʃ 퓌쉬] 명 물고기

Some fish can fly. 어떤 물고기들은 날 수 있다.

flying fish 날치
['flaɪŋ fɪʃ 플라잉 퓌쉬]

dolphin 돌고래
['dɑːlfɪn 다ː알퓐]

shark 상어
[ʃɑːrk 샤ː르크]

tortoise 거북이
['tɔːrtəs 토ː르터스]

pearl oyster 진주조개
[pɜːrl 'ɔɪstə(r) 퍼ː르얼 오이스터(ㄹ)]

whale 고래
[weɪl 웨일]

cuttlefish 오징어
['kʌtlfɪʃ 커틀퓌쉬]

wrecked ship 난파선
[rekt ʃɪp 렉트 쉽]

red crab 꽃게
[red kræb 레드 크랩]

conch 소라
[kɑːntʃ 카ː안취]

five

[faɪv 파이브] 몡 5, 다섯

Did you eat five candies already?
아니 벌써 사탕을 다섯 개나 먹었어?

fifteen 15
[ˌfɪfˈtiːn 퓌프티:인]

fifty 50
[ˈfɪfti 퓌프티]

fifth 5번째
[fɪfθ 퓌프쓰]

fix fixed, fixed, fixing, fixes

[fɪks 퓍스] 동 고치다, 고정시키다

My dad is going to fix my chair. 아빠가 내 의자를 고쳐 줄 것이다.

flag flags

[flæg 플래그] 몡 기, 깃발

Taegeukgi is our national flag. 태극기는 우리 국기이다.

flat

[flæt 플랫] 형 평평한, 납작한

People believed the earth was flat. 사람들은 지구가 평평하다고 믿었다.

flea fleas

[fliː 플리ː] 명 벼룩

The dog has fleas.
그 개는 벼룩이 있다.

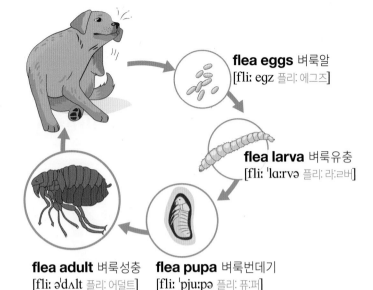

flea eggs 벼룩알
[fliː egz 플리ː 에그즈]

flea larva 벼룩유충
[fliː ˈlɑːrvə 플리ː 라ː르버]

flea pupa 벼룩번데기
[fliː ˈpjuːpə 플리ː 퓨ː퍼]

flea adult 벼룩성충
[fliː əˈdʌlt 플리ː 어덜트]

flight flights

[flaɪt 플라이트] 명 비행; (비행기)편

They made a long flight. 그들은 장거리 비행을 해냈다.

flight attendant 승무원
[flaɪt əˈtendənt 플라잇 어텐던트]

pilot 파일럿
[ˈpaɪlət 파일럿]

airport 공항
[ˈeə(r)pɔːrt 에어(ㄹ)포ː르트]

runway 활주로
[ˈrʌnweɪ 런웨이]

floor

[flɔː(r) 플로ː(ㄹ)] 명 바닥 ↔ **ceiling** 천장, (건물의) 층

The classroom is on the second floor. 교실은 2층에 있다.
The forks are on the floor. 포크가 바닥에 있다.

flower flowers

[ˈflaʊə(r) 플라워(ㄹ)] 몡 꽃

The flower died at night. 그 꽃은 밤새 시들어버렸다.

rose 장미
[roʊz 로우즈]

sunflower 해바라기
[ˈsʌnflaʊə(r) 썬플라워(ㄹ)]

Iris 아이리스
[ˈaɪrɪs 아이리스]

tulip 튤립
[ˈtuːlɪp 튜ː울립]

pansy 팬지
[ˈpænzi 팬지]

chrysanthemum 국화
[krɪˈsænθəməm 크리쌘써멈]

carnation 카네이션
[kɑːrˈneɪʃən 카ː르네이션]

a lily of the valley 은방울 꽃
[ə ˈlɪli ʌv ðə ˈvæli 어 릴리 어브 더 밸리]

anemone 아네모네
[əˈneməni 어네머니]

flute flutes

[fluːt 플루ː트] 몡 피리, 플루트

Sumi can play the flute. 수미는 플루트를 연주할 수 있다.

fly flies / flew, flown, flying, flies

[flaɪ 플라이] 몡 파리 됭 날다

Children flew kites high in the sky. 아이들은 하늘 높이 연을 날렸다.
We can fly to the moon! 우린 달까지 날아갈 수 있어!
The bird flew away. 새가 날아가버렸다.

fog

[fɔːg 포ː그] 몡 (짙은) 안개

We cannot see the bridge by fog. 그 다리는 안개 때문에 보이지 않는다.

follow followed, followed, following, follows

[ˈfɑːloʊ 퐈-알로우] 됭 ~의 뒤를 따르다

Follow me!
날 따라와!

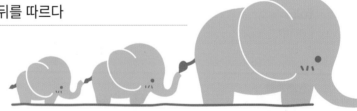

fond

[fɑːnd 퐈ː안드] 혱 ~을 좋아하여, ~이 좋아서(be fond of)

I am very fond of swimming.
나는 수영을 대단히 좋아합니다.

food

[fuːd 푸ː드] 몡 음식

Kimchi is a Korean traditional food.
김치는 한국 전통 음식이다.

fool fools

[fuːl 푸ː울] 몡 바보

He is not a fool. 그는 바보가 아니다.

foolish

['fuːlɪʃ 푸ː울리쉬] 혱 바보 같은, 멍청이의 ↔ wise

It is foolish to play in the rain. 빗속에서 노는 것은 바보 같은 짓이다.

foot feet

[fʊt 풋] 몡 발

A foot has five toes.
발에는 발가락 5개가 있어요.

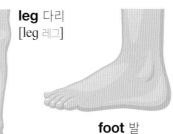

leg 다리
[leg 레그]

heel 발뒤꿈치
[hiːl 히ː일]

foot 발
[fʊt 풋]

toe 발가락
[toʊ 토우]

football

['fʊtbɔːl 풋보ː올] 몡 풋볼(미국에서는 미식축구, 영국에서는 주로 축구 또는 럭비)

The football player kicked the ball. 풋볼선수가 공을 찼다.

for

[fɔː(r) 포:(ㄹ)] 쩬 ~을 위하여, ~을 향해, ~ 동안

I will stay here for a week. 나는 여기 1주일 동안 머무를 거야.
What are the tips for? 이것은 무엇을 위한 정보인가요?
This is a present for you? 이것은 너를 위한 선물이야.

forecast

['fɔːrkæst 포:ㄹ캐스트] 쩸 예상, 예보

Here is the forecast for tomorrow. 내일의 일기 예보입니다.

foreign

['fɔːrən 포:런] 쩽 외국의, 외국산의

My brother is learning a foreign language.
내 형은 외국어를 배우고 있다.

foreigner foreigners

['fɔːrənə(r) 포:러너(ㄹ)] 쩸 외국사람, 외국인

Do you know who that foreigner is? 저 외국인이 누군지 아니?

forest

['fɔːrɪst 포:리스트] 쩸 숲, 삼림

There are many birds in the forest. 그 숲에는 많은 새들이 있다.

forever

[fərˈevə(r) 풔에버(ㄹ)] (부) 영원히, 영구히

I will love my parents forever.
우리 부모님을 영원히 사랑할 것이다.

forget forgot, forgotten, forgetting, forgets

[fərˈget 풔ㄹ겟] (동) 잊다

I forgot my homework.
나는 내 숙제를 잊어버렸다.

Don't forget me. 나를 잊지 마.

fork forks

[fɔːrk 포:ㄹ크] (명) 포크

He bent the fork. 그는 포크를 구부렸다.

form

[fɔːrm 포:ㄹ옴] (명) 형태, 꼴

His pitching form is excellent. 그의 투구 폼은 훌륭하다.

forward

[ˈfɔːrwərd 포:ㄹ워ㄹ드] (부) 앞으로, 전방으로 ↔ **backward** 뒤로

She looked forward. 그녀는 앞을 바라보았다.
Two step forward. 두 걸음 앞으로

fossil fossils

[ˈfɑːsl 파:슬] 명 화석

There is a limited amount of fossil fuel.
화석 연료의 양은 제한되어 있다.

four

[fɔː(r) 포:(ㄹ)] 명 4, 넷

Repeat these four steps three times.
이 4단계를 3번 반복하세요.

fourteen 14
[fɔːrˈtiːn 포:ㄹ티:인]

forty 40
[ˈfɔːrti 포:ㄹ티]

fourth 4번째
[fɔːrθ 포:ㄹ쓰]

fourth

[fɔːrθ 포:ㄹ쓰] 형 제 4의; 네(번)째의

My classroom is on the fourth floor. 우리 교실은 4층에 있다.

fox foxes

[fɑːks 파:악스] 명 여우

The dogs brought the fox to bay. 개들이 여우를 궁지로 몰아넣었다.

free

[fri: 프리:] 형 자유로운, 무료의 ↔ busy 바쁜

I'm free today.
나는 오늘 한가해.

free ticket 무료 티켓
[fri: ˈtɪkɪt 프리 티켓]

fresh

[freʃ 프레쉬] 형 새로운, 신선한

Fresh air is good. 신선한 공기는 좋다.

Friday

[ˈfraɪdeɪ 프라이데이] 명 금요일

Friday is the sixth day of the week. 금요일은 주의 6번째 요일이다.

friend friends

[frend 프렌드] 명 친구

You're a good friend. 너는 정말 좋은 친구야.
Jane is a friend of mine. 제인은 내 친구 중 하나다.

friendly

[ˈfrendli 프렌들리] 형 친한, 친절한

Miss White is very friendly. 화이트 양은 매우 친절하다.

frighten frightened, frightened, frightening, frightens

['fraɪtn 프라이튼] ⑧ 놀라게 하다, 무섭게 하다

I frightened her in the dark. 나는 어둠 속에서 그녀를 놀라게 하였다.

frog frogs

[frɔːg; frɑːg 프로:그; 프라:그] ⑲ 개구리

Frogs can live both in water and on land.
개구리는 물과 땅 둘 다에서 살 수 있다.

frog 개구리

eggs 알
[egz 에그즈]

toad 두꺼비
[toʊd 토우드]

tadpole 올챙이
['tædpoʊl 태드포울]

from

[frʌm; frɑːm 프럼; 프라:암] ⑳ ~로부터, ~에서

This is a letter from my friend. 이것은 내 친구에게서 온 편지다.
I played soccer from morning to night.
나는 아침부터 밤까지 축구를 했다.

Where are you from? 어디서 왔어요?
- I'm from Korea. 저는 한국에서 왔어요.

front

[frʌnt 프런트] ⑲ 앞, 정면 ↔ **rear, back** 뒤, 후방

Billy sits in front of the building. 빌리는 그 건물 앞에 앉아 있다.

fruit

[fru:t 프루:트] 명 과일

I'd like some fruit juice. 과일주스로 주세요.

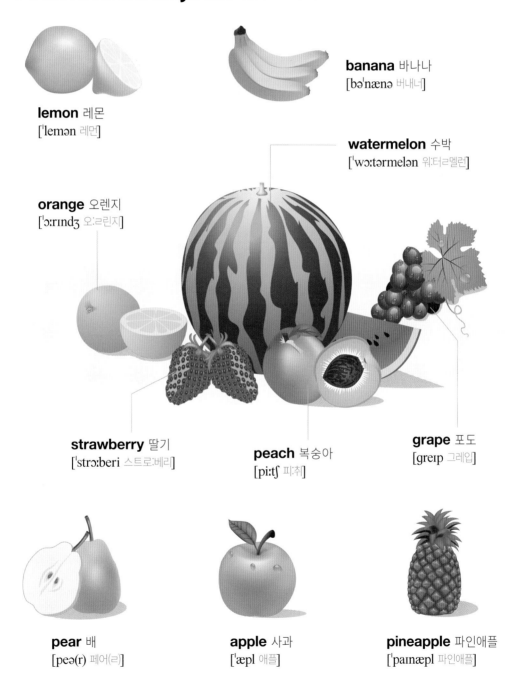

lemon 레몬
['lemən 레먼]

banana 바나나
[bə'nænə 버내너]

watermelon 수박
['wɔ:tərmelən 워:터르멜런]

orange 오렌지
['ɔ:rɪndʒ 오:러린지]

strawberry 딸기
['strɔ:beri 스트로:베리]

peach 복숭아
[pi:tʃ 피:취]

grape 포도
[greɪp 그레입]

pear 배
[peə(r) 페어(르)]

apple 사과
['æpl 애플]

pineapple 파인애플
['paɪnæpl 파인애플]

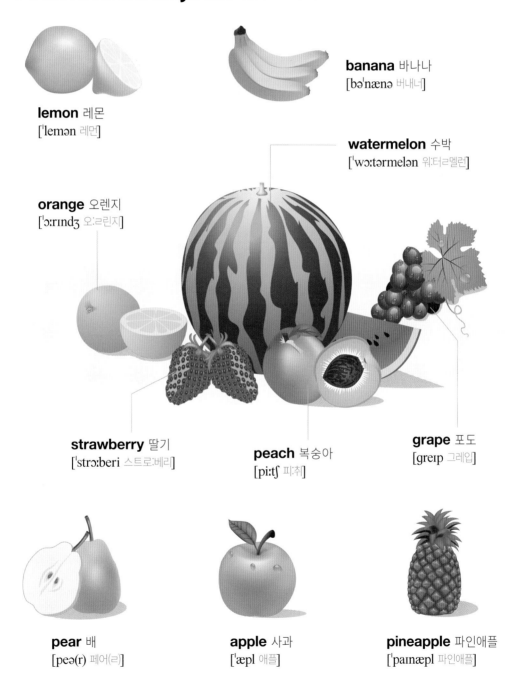

F

fry
fried, fried, frying, fries / fries

[fraɪ 프라이] 동기름에 튀기다, 프라이하다 명기름에 튀긴 것, 프라이 요리

This fried salmon is excellent. 이 튀김 연어는 일품이군요.

full

[fʊl 풀] 형가득찬 ↔ **hungry** 배고픈, **empty** 빈

The box is full of toys. 그 상자는 장난감으로 가득하다.
I'm full. 배불러요.

fun

[fʌn 펀] 명즐거움 형재미있는

Have fun! 재미있게 놀아라!

funny

['fʌni 퍼니] 형우스운, 재미있는

This is a funny story. 이것은 재미있는 이야기이다.

future

['fjuːtʃə(r) 퓨:처(ㄹ)] 명미래, 장래

What do you want to be in the future. 장래에 뭐가 되고 싶니?
- I want to be a scientist. 나는 과학자가되고 싶어요.

Gg

game games

[geɪm 게임] 명 놀이, 경기

We finally won the game.
우리는 마침내 그 경기를 이겼다.

garbage

[ˈɡɑːrbɪdʒ 가ː르비쥐] 명 쓰레기

I put the garbage in the trash can.
쓰레기는 휴지통에 버렸다.

garden gardens

[ˈɡɑːrdn 가ː르든] 명 정원

Flowers beautify a garden.
꽃은 정원을 아름답게 한다.

vegetable garden 채소밭
[ˈvedʒtəbl ˈɡɑːrdn 베쥐터블 가ː르든]

gas

[ɡæs 개스] 명 가스, 기체

We are looking for a gas station. 우리는 주유소를 찾고 있다.
I can smell gas. 가스 냄새가 난다.

G

gate gates

[geɪt 게이트] 몡 대문

The gate is shut. 대문이 잠겨 있다.

generally

[ˈdʒenrəli 줴너럴리] 閉 일반적으로, 보통

Rice is generally eaten with the spoon in Korea.
한국에서 밥은 보통 숟가락으로 먹는다.

gentle

[ˈdʒentl 줸틀] 혱 점잖은, 상냥한

She speaks in a gentle tone. 그녀는 상냥한 어조로 말한다.

gentleman gentlemen

[ˈdʒentlmən 줸틀먼] 몡 남자, 신사 ↔ **lady** 숙녀

Good morning, ladies and gentlemen.
신사 숙녀 여러분, 안녕하십니까?

gesture gestures

[ˈdʒestʃə(r) 줴스춰(ㄹ)] 몡 몸짓, 손짓, 제스처

He made the gestures of a monkey.
그는 원숭이 흉내를 냈다.

get got, got, getting, gets

[get 겟] 동 얻다

Where did you get the book? 어디서 그 책을 얻었니?
- In the library. 도서관에서.

Can you get me a new cellular phone for birthday?

내 생일에 나에게 새 휴대폰 줄 수 있어요?

- I got it. 알았다.

get on the bus
버스를 타다

get off the bus
버스에서 내리다

get up at seven
7시에 일어나다

ghost ghosts

[goʊst 고우스트] 명 유령, 귀신

Do you believe in ghosts? 너는 귀신을[귀신이 있다고] 믿니?

giant giants

[ˈdʒaɪənt 좌이언트] 명 거인

He is a 2-meter-tall giant. 그는 키가 2미터나 되는 거인이다.

gift gifts

[gɪft 기프트] 몡 선물

This watch is a gift from my grandma.
이 시계는 할머니께서 주신 선물이다.

giraffe giraffes

[dʒəˈræf 줘래프] 몡 기린

The giraffe has a long neck. 기린은 목이 길어요.

girl girls

[gɜːrl 거ː르얼] 몡 소녀 ↔ **boy** 소년

The girl is drawing with crayons.
소녀가 크레용으로 그림을 그리고 있다.

give gave, given, giving, gives

[gɪv 기브] 동 주다

He gave her present. 그는 그녀에게 선물을 줬다.
Give me a that. 그것 좀 줘.

glad

[glæd 글래드] 형 기쁜

I am glad to see you. 너를 만나서 기쁘다.

glass glasses

[glæs 글래스] 명 유리, 컵

He drank a glass of milk.
그는 우유 한 잔을 마셨다.

a glass of water 물 한 잔

glasses

['glɑːsɪz 글라:씨즈] 명 안경

He wears glasses. 그는 안경을 꼈다.

glove gloves

[glʌv 글러브] 명 장갑

I lost my gloves. 나는 내 장갑을 잃어버렸다.
Put on the gloves. 장갑을 껴라.

a pair of gloves
장갑 한 켤레

go went, gone, going, goes

[goʊ 고우] 동 가다 ↔ come 오다

I went to the zoo last weekend.
나는 지난 주말에 동물원에 갔다.

Go straight. 똑바로 가라.
Let's go. 가자.
Go ahead. 계속하세요.

go shopping
쇼핑하러 가다

go swimming
수영하러 가다

go to school
학교에 가다

go to bed
자다, 취침하다

goat goats

[goʊt 고우트] 명 염소

Is this a sheep or a goat?
이것은 양이니, 염소니?

goat 염소

kid 새끼염소
[kɪd 키드]

god [God]

[gɑːd 가:드] 명 신, 하나님

God bless you! 당신에게 신의 축복이 있기를 (빕니다)!

gold

[goʊld 고울드] 몡 금, 황금

Silence is gold. 침묵은 금이다.

golden

[ˈgoʊldn 고울든] 혱 금빛의, 황금빛의

Hen laid a golden egg every day. 그 닭은 매일 황금 알을 낳았다.

golf

[gɑːlf; gɔːlf 가ː알프; 고ː올프] 몡 골프

I like playing golf. 나는 골프 하는 것을 좋아한다.

good

[gʊd 굿] 혱 좋은, 훌륭한 ↔ **bad** 나쁜

Sounds good. 좋아.

goodbye

[ˌgʊdˈbaɪ 굿바이] 웹 안녕히 가세요[계세요] <작별 인사>

Goodbye! See you again! 안녕히 가세요! 또 봐요!

goose geese

[guːs 구ː스] 몡 거위

A woman bought a goose. 한 여자가 거위를 샀어요.

gorilla gorillas

[gəˈrɪlə 거릴러] 몡 고릴라

I teach sign language to gorillas. 고릴라에게 수화를 가르쳐요.

government

[ˈɡʌvərnmənt 거버ㄹ먼트] 몡 정부

My father works for the government. 저의 아버지는 공무원입니다.

grab grabbed, grabbed, grabbing, grabs

[ɡræb 그랩] 동 움켜잡다; 잡아채다

I have to grab that opportunity. 전 그 기회를 잡아야 해요.

grade grades

[ɡreɪd 그레이드] 몡 학년, 성적

He got grade A in English. 그는 영어에서 A학점을 얻었다.

What grade are you in? 넌 몇 학년이니?
-I'm in the fifth grade. 5학년이에요.

Excellent (A) 최우수
[ˈeksələnt 엑설런트]

Good (B) 우수
[ɡʊd 굿]

Pass (C) 통과
[pæs 패스]

Fail (F) 낙제
[feɪl 페일]

graduate graduated, graduated, graduating, graduates

[ˈɡrædʒueɪt 그래쥬에잇] 동 졸업하다(~from)

He graduated from Harvard. 그는 하버드 대학을 졸업하였다.

grandfather

[ˈɡrænfɑːðə(r) 그랜퐈:더(ㄹ)] 명 할아버지

He is my grandfather.
그는 우리 할아버지야.

grandmother

[ˈɡrænmʌðə(r) 그랜머더(ㄹ)] 명 할머니

My grandmother sings very well.
할머니께서는 노래를 아주 잘 부르신다.

grape grapes

[ɡreɪp 그레이프] 명 포도

Wine is made from grapes. 포도주는 포도로 만들어진다.

grass

[ɡræs 그래스] 명 풀, 잔디

Keep off the grass. 잔디밭에 들어가지 마시오.

grasshopper grasshoppers

['græshɑ:pər 그래스하:퍼ㄹ] 몡 메뚜기

A grasshopper ate all the rice. 메뚜기가 벼를 모두 먹었다.

gray

[grei 그레이] 몡 회색 혱 회색의

My coat is gray. 내 코트는 회색이에요.

great

[greɪt 그레이트] 혱 큰, 위대한

He is a great artist.
그는 위대한 예술가이다.

That's great! 잘했어요!
I feel great. 기분 좋아.

green

[gri:n 그리:인] 몡 녹색

The cucumber is green.
오이는 녹색이다.

greenhouse greenhouses

['gri:nhaʊs 그리:인하우스] 몡 온실

The plants are growing in the greenhouse.
온실에서 식물들이 자라고 있다.

greenhouse effect
온실효과

grocery groceries

['groʊsəri 그로우써리] 몡 식료품

There's a grocery store across the way.
길 건너편에 식료품 가게가 있다.

ground

[graʊnd 그라운드] 몡 땅, 기초

The ground is very dry. 땅이 매우 건조하다.

group groups

[gruːp 그루:웁] 몡 단체, 그룹

I started a study group. 난 스터디 그룹을 시작했어.

grow grew, grown, growing, grows

[groʊ 그로우] 동 성장하다, 자라다

Many trees grow in the forest. 많은 나무들이 숲에서 자란다.
When I grow up, I want to be a singer. 나는 커서 가수가 되고 싶다.
I grew cucumbers last year. 나는 작년에 오이를 키웠다.

grown-up

['groʊn-ʌp 그로운 업] 혱 사람이 다 큰, 어른[성인]이 된

What do you want to be when you're grownup?
넌 크면 뭐가 되고 싶니?

guard guards

[gɑːrd 가:ㄹ드] 명경계, 경호인

He was a brave guard. 그는 용감한 경호인이었다.

guess guessed, guessed, guessing, guesses

[ges 게스] 동추측하다, 판단하다

I guess she is eight years old.
나는 그녀가 8살이라고 추측한다.

Guess who? 누군지 맞춰봐?
Guess what? 뭐인지 맞춰봐?
I guess so. 그렇게 생각해.

guest guests

[gest 게스트] 명 (초대받은) 손님

I was his guest for a month. 나는 한 달 동안 그의 집에 손님으로 있었다.

guide guided, guided, guiding, guides

[gaɪd 가이드] 동인도하다, 안내하다

His dog will guide you to his house.
그의 개는 당신을 그의 집으로 안내할 것입니다.

guitar guitars

[gɪˈtɑː(r) 기타:(ㄹ)] 명기타

The guitar has six strings. 기타는 줄이 여섯 개이다.

gun guns

[gʌn 건] 명 총

He shot a bird with his gun.

그는 총으로 새를 쏘았다.

gym gyms

[dʒɪm 짐] 명 체육관(gymnasium)

She worked up a sweat in the gym.

그녀는 체육관에서 운동을 하며 땀을 뺐다.

Hh

habit habits

['hæbɪt 해빗] 몡 습관, 버릇

I have a habit of staying up late. 나는 늦게까지 안 자는 습관이 있다.

had

[hæd 해드] 몽 have의 과거·과거분사

He had a new car and a boat. 그는 새 승용차와 보트를 한 척 가지고 있었다.
We had breakfast late. 우리는 늦게 아침을 먹었다.

hair

[heə(r) 헤어(ㄹ)] 몡 머리카락

She dyed her hair.
그녀는 머리를 염색했다.

curly hair 단발 머리
['kɜːrli heə(r) 커:ㄹ얼리 헤어(ㄹ)]

long hair 긴 머리
[lɔːŋ heə(r) 롱: 헤어(ㄹ)]

hairdresser hairdressers

['heə(r)dresə(r) 헤어(ㄹ)드레쎠(ㄹ)] 몡 미용사

The hairdresser clipped her hair with scissors.
미용사는 가위로 그녀의 머리를 잘랐다.

half halves

[hæf 해프] 몡 반, 2분의 1

Half of 2 is 1. 2의 반은 1이다.

hall halls

[hɔːl 호ː올] 몡 회관, 넓은 방

The hall filled soon. 홀은 곧 만원이 되었다.

half of an apple 사과 반쪽

hamburger hamburgers

[ˈhæmbɜːrgər 햄버ː르거ㄹ] 몡 햄버거

Ally ordered two hamburgers. 앨리는 햄버거 두 개를 주문했다.

hammer hammers

[ˈhæmə(r) 해머(ㄹ)] 몡 해머, (쇠)망치

Hit the nail with the hammer.
망치로 못을 쳐라.

hammock hammocks

[ˈhæmək 해먹] 몡 해먹

We slung a hammock between two trees.
우리는 두 나무 사이에 해먹을 쳤다[매달았다].

hand hands

[hænd 핸드] 몡손

Raise your hand. 손을 들어라.

handkerchief handkerchieves

[ˈhæŋkərtʃɪf 행커ㄹ취프] 몡손수건

Bab waved her handkerchief to us. 밥은 우리들에게 손수건을 흔들었다.

handle handles

[ˈhændl 핸들] 몡핸들, 손잡이

The handle is broken. 손잡이가 부서졌다.

handsome

[ˈhænsəm 핸썸] 혱(용모 따위가) 잘생긴, 핸섬한

He is a handsome youth. 그는 미남 청년이다.

hang hung, hung, hanging, hangs

[hæŋ 행] 됭걸다, 매달다, 걸려 있다

Hang my coat on the hanger.
옷걸이에 제 코트 좀 걸어 주세요.

Hang up the phone.
전화기를 내려 놓으세요.

happen happened, happened, happening, happens

['hæpən 해펀] (동) 일어나다, 생기다

Accidents will happen. 사고는 일어나게 마련이다.
What happened? 무슨 일이야?

happening happenings

['hæpənɪŋ 해퍼닝] (명) 사건, 사고

There have been strange happenings here lately.
최근에 여기에서 이상한 일들이 있었다.

happy

['hæpi 해피] (형) 행복한 ↔ **unhappy** 불행한

I feel happy. 나는 행복감을 느낀다.

hard

[hɑːrd 하:ㄹ드] (형) 단단한, 어려운 ↔ **soft** 부드러운, **easy** 쉬운 (부) 열심히

The bricks are very hard.
그 벽돌은 매우 단단하다.

harp harps

[hɑːrp 하:ㄹ프] (명) 하프

She plays the harp in a symphony orchestra.
그녀는 교향악단에서 하프를 연주한다.

has had

[hæz 해즈] 동 가지고 있다 <have의 3인칭단수>

He had a new laptop. 그는 새 노트북을 한 대 가지고 있었다.
He has a fever. 그는 열이 있다.

hat hats

[hæt 햇] 명 모자(테가 있는 것)

My hat is off. 모자가 벗겨졌다.

hate hated, hated, hating, hates

[heɪt 헤이트] 동 싫어하다 ↔ love 사랑하다

I really hate oily food.
나는 느끼한 음식을 정말 싫어해요.

have had, has

[hæv 해브] 동 가지고 있다

I have a backpack. 나는 백팩을 가지고 있다.
Have a good time. 좋은 시간 되세요.
Let's have a lunch. 점심 먹고 합시다.

Do you have any brothers? 남자 형제가 있어요?
- Yes, I have three brothers. 네 세 명 있어요.

Have you ever been to America? 미국에 가 본 적 있어?
- No, I have never been there. 아니, 전혀 없어.

● have와 has

'가지고 있다'는 영어로 **have**나 **has**로 나타냅니다. **have**와 **has**는 인칭과 수에 따라 바뀝니다. 아래의 표에서도 알 수 있듯이 **have**가 **has**로 되는 것은 주어가 3인칭 단수 **he**, **she**, **it**인 경우입니다.

have나 **has**는 각각 강하게 발음될 때는 [hæv] [hæz], 약하게 발음될 때는 [həv][həz]가 됩니다.

인칭	단수	복수
1 인칭	**I have**	**we have**
2 인칭	**you have**	**you have**
3 인칭	**he has** **she has** **it has**	**they have**

he

[hiː 히ː] ㊍ 그 ㊔ 남자, 수컷

This is Bill and he is my friend. 이쪽은 빌이고 그는 내 친구이에요.
His hobby is drowing. 그의 취미는 그리기예요.
I draw with him every week. 나는 그와 매주 그리기를 해요.
That pencil is his. 그 연필은 그의 것이에요.

head heads

[hed 헤드] ㊔ 머리

My head cleared. 머리가 맑아졌다.

health

[helθ 헬쓰] ㊔ 건강

He is in good health. 그는 건강이 좋다.

healthy

['helθi 헬씨] 형 건강한, 건강에 좋은

He is healthy. 그는 건강하다.

hear heard, heard, hearing, hears

[hɪə(r) 히어(ㄹ)] 동 듣다

I heard a bird singing. 새가 노래하는 걸 들었어요.
Can you hear me. 들리니?

heart hearts

[hɑːrt 하ː르트] 명 마음, 심장

You have a warm heart. 마음씨가 따뜻하군요.

heat

[hiːt 히ː트] 명 열, 더위 ↔ cold

The sun gives us light and heat. 태양은 우리에게 빛과 열을 준다.

heavy

['hevi 헤비] 형 무거운 ↔ light 가벼운

It is a heavy stone.
무거운 돌이군요.

helicopter helicopters

[ˈhelɪkɑːptə(r) 헬리카:압터(ㄹ)] 몡헬리콥터

If the weather's bad, the helicopter can't fly.
날씨가 나쁘면 헬리콥터가 뜰 수 없어요.

hello

[həˈloʊ 헐로우] 감안녕 <인사>, 여보세요 <전화>

Hello. May I speak to Tom? 여보세요. 탐과 통화할 수 있나요?
Hello, Henry. 안녕, 헨리.

help helped, helped, helping, helps

[help 헬프] 몡도움 통돕다

Can I help you. 도와 드릴까요?
I'll help you. 내가 도와줄게.

rooster 수탉
[ˈruːstə(r) 루:스터(ㄹ)]

hen hens

cluck 꼬꼬댁거리다
[klʌk 클럭]

[hen 헨] 몡암탉

The hen has three chicks.
그 암탉에게는 병아리가 세 마리 있다.

chick 병아리
[tʃɪk 취크]

her

[hɜː(r) 허:(ㄹ)] 때그 여자를[에게] <she의 목적격>

We like her. 우리는 그녀를 좋아해.

here

[hɪə(r) 히어(ㄹ)] 🔹 여기에 ↔ **there** 저기에

Here comes the bus. 여기로 버스가 온다.
Come here. 여기로 와.
Here you are. 여기 있습니다.

hi

[haɪ 하이] 🔹 안녕 <만났을 때>

Hi, Jenny! You look great. 안녕, 제니! 좋아 보이는구나.

hide hid, hidden, hiding, hides

[haɪd 하이드] 🔹 숨다

The thief hides behind the wall.
도둑이 벽 뒤에 숨다.

high

[haɪ 하이] 🔹 높은 ↔ **low** 낮은

The tower is high.
탑이 높다.

hiking

['haɪkɪŋ 하이킹] 🔹 하이킹, 도보여행

The man is hiking. 남자가 하이킹을 하고 있다.

hill <small>hills</small>

[hɪl 힐] 명 언덕

There is a big tree on the hill. 언덕 위에 커다란 나무 한 그루가 있다.

him

[hɪm 힘] 대 그를, 그에게 <**he**의 목적격>

When did you see him? 그를 언제 보았어요?

hippopotamus <small>hippopotami</small>

[ˌhɪpəˈpɒtəməs 히퍼파터머스] 명 하마 <줄여서 **hippo**라고 한다>

Hippopotamus lives near rivers. 하마는 강가에 산다.

his

[hɪz 히즈] 대 ❶ 그의 <**he**의 소유격> ❷ 그의 것 <**he**의 소유대명사>

James has sold his car. 제임스는 자기 차를 팔았다.

history

[ˈhɪstəri 히스터리] 명 역사

He teaches history to us. 그는 우리에게 역사를 가르친다.

hit <small>hit, hit, hitting, hits</small>

[hɪt 히트] 동 때리다, 치다

My brother hit me. 형이 나를 때렸어.

hobby hobbies

[ˈhɑːbi 하ː비] 몡 취미

What is your hobby? 당신의 취미는 무엇입니까?
- Painting. 회화입니다.

palying soccer 축구
[ˈpleɪŋ ˈsɑːkə(r) 플레잉 싸ː커(ㄹ)]

reading 독서
[ˈriːdɪŋ 리ː딩]

cooking 요리
[ˈkʊkɪŋ 쿠킹]

painting 그림
[ˈpeɪntɪŋ 페인팅]

gardening 원예
[ˈɡɑːrdnɪŋ 갸ː르드닝]

palying the guitar 기타연주
[ˈpleɪŋ ðə ɡɪˈtɑː(r) 플레잉 더 기탸ː(ㄹ)]

raising cat 고양이 키우기
[ˈreɪzɪŋ kæt 레이징 캣]

biking 바이킹
[ˈbaɪkɪŋ 바이킹]

dancing 춤
[ˈdænsɪŋ 댄씽]

hold held, held, holding, holds

[hould 호울드] 통 잡다

Hold the rope. 밧줄을 잡아라.
Hold on, please. (전화상) 잠시만 기다리세요.

hole holes

[houl 호울] 명 구멍

The dog is digging a hole. 그 개는 구멍을 파고 있다.

holiday holidays

['hɒlədeɪ 할러데이] 명 휴일, 경축일

Sunday is a holiday.
일요일은 휴일이다.

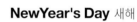
New Year's Day 새해

Buddha's Birthday 석가탄신일

Christmas 크리스마스

Choosuk 추석

holy

['hoʊli 호울리] 형 신성한, 성스러운

Marriage is a holy thing. 결혼은 신성한 것이다.

home

[hoʊm 호움] 명 집, 가정 부 집에, 집으로

I stayed home yesterday. 나는 어제 집에 있었다.
He goes home lonely. 그는 혼자서 집에 간다.

homestay

['hoʊmsteɪ 호움스테이] 명 외국 유학생의 일반가정(host family)에서의 체류

My homestay sister's name was Dulce.
나의 홈스테이 여동생의 이름은 덜시였다.

homework

['hoʊmwɜːrk 호움워:ㄹ크] 명 숙제

I'm doing my homework.
나는 숙제를 하고 있다.

honest

['ɑːnɪst 아:니스트] 형 정직한, 성실한

They are honest students.
그들은 정직한 학생들이다.

hook hooks

[hʊk 훅] 몡 갈고리, 훅; 걸쇠

Put your coat on the hook. 네 상의를 옷걸이에 걸어라.

hop hopped, hopped, hopping, hops

[hɑːp 하:압] 동 깡충 뛰다

Rabbits hop very quickly. 토끼들은 매우 빨리 뛴다.

hope hopes / hoped, hoped, hoping, hopes

[hoʊp 호웁] 몡 희망 동 바라다

Teenagers are our hope. 10대는 우리의 희망이다.
I hope so. 나도 그러길 바라.

horse horses

[hɔːrs 호:ㄹ스] 몡 말

A horse likes carrots.
말은 당근을 좋아한다.

hose hoses

[hoʊz 호우즈] 몡 호스

He's spraying water with a hose.
호스로 꽃에 물을 주고 있다.

hospital hospitals

[ˈhɑːspɪtl 하:스피틀] 명 병원

Henry is in the hospital. 헨리는 병원에 입원 중이다.

patient's room 입원실
[ˈpeɪʃənts ruːm 페이션츠 루:움]

operating room 수술실
[ˈɑːpəˌreɪtɪŋ ruːm 아퍼레이팅 루:움]

pharmacy 약국
[ˈfɑːrməsi 퐈:ㄹ머씨]

host

[hoʊst 호우스트] 명 (연회 등의) 주인, 호스트

He is the host of the party tonight. 그 남자는 오늘밤 파티의 주최자이다.

hot

[ˈhɑːt 하:트] 형 뜨거운 ↔ cold 차가운

A cup of hot coffee please. 뜨거운 커피 한 잔 주세요.
It is hot today. 오늘 날씨가 더워요.

hotel hotels

[hoʊˈtel 호우텔] 명 호텔

Jenny works at a hotel. 제니는 호텔에서 일한다.

hour hours

[ˈaʊə(r) 아워(ㄹ)] 명 시간

I exercise for two hours a day.
나는 하루에 2시간 동안 운동을 한다.

minute 분
[ˈmɪnɪt 미닛]

hour 시
[ˈaʊə(r) 아워(ㄹ)]

second 초
[ˈsekənd 쎄컨드]

house houses

[haʊz 하우스] 명 집

This house is ours.
이 집이 우리 집이에요.

guest room 손님 방
[gest ruːm 게스트 루:움]

bath room 욕실
[bæθ ruːm 배쓰 루:움]

kitchen 부엌
[ˈkɪtʃɪn 키췬]

bed room 침실
[bed ruːm 배드 루:움]

living room 거실
[ˈlɪvɪŋ ruːm 리빙 루:움]

terrace 테라스
[ˈterəs 테러스]

how

[haʊ 하우] 厚 어떻게, 얼마

How old are you? 몇 살이니?
- **I'm twelve years old.** 12살이요.

How many books do you have? 책을 몇 권 가지고 있니?
- **I have two.** 2권.

How much is this book? 이 책은 얼마예요?
- **It's 10,000 won.** 1만원이요.

How tall are you? 키가 몇이니?
- **I'm 150cm tall.** 150cm야.

How was your weekend? 주말 잘 보냈니?
- **It was good.** 잘 보냈어.

however

[haʊˈevə(r) 하우에버(ㄹ)] 厚 그렇지만, ~이라 해도

His mind, however, did not change.
그렇지만 그의 마음은 변하지 않았다.

hug hugged, hugged, hugging, hugs

[hʌg 허그] 동 (사랑스럽게) 꼭 껴안다

They hugged each other.
그들은 서로 껴안았다.

Give me a hug. 껴안아 줘.

huge

[hjuːdʒ 휴ː쥐] 형 거대한

Teenagers have become a huge market.
십대들은 거대한 시장이 되었다.

human

[ˈhjuːmən 휴ː먼] 형 인간의, 인간적인

The movie is a touching human drama.
그 영화는 감동적인 인간 드라마이다.

hundred hundreds

[ˈhʌndrəd 헌드러드] 명 백(100)

I have two hundred dollars.
나한테 200달러가 있다.

There were one hundred people in the hall.
홀에는 100명의 사람들이 있었다.

hungry

[ˈhʌŋgri 헝그리] 형 배고픈 ↔ **full** 배부른

I'm hungry. 배고파.

hurry hurried, hurried, hurrying, hurries

['hɜːri 허:리] 동 서두르다

Don't hurry. 서두르지 마라.
Hurry up. 서둘러.

hurt hurt, hurt, hurting, hurts

[hɜːrt 허:르트] 동 다치게 하다, 아프다 형 다친

I hurt my thumb. 엄지손가락을 다쳤다.
It hurts. 아파.
I got hurt. 다쳤어요.

husband husbands

['hʌzbənd 허즈번드] 명 남편 ↔ **wife** 아내

This is my husband, Steve.
이 사람은 제 남편 스티브예요.

Ii

I

[aɪ 아이] 때 나

I have a cat. 나는 고양이가 한 마리가 있어요.
My cat's name is Kitty. 내 고양이 이름은 키티예요.
She likes me. 키티는 나를 좋아해요.
She is a friend of mine. 키티는 내 친구예요.

● 인칭대명사의 변화

단수는 '하나', 복수는 '둘 이상'을 의미해요. 인칭대명사란 사람을 칭하는(가르키는) 대명사예요.

		주 격	소유격	목적격	소유대명사
		~이(가), 는	~의	~을	~의 것
단수	1 인칭	I	my	me	mine
	2 인칭	you	your	you	yours
	3 인칭	he	his	him	his
		she	her	her	hers
		it	its	its	-
복수	1 인칭	we	our	us	ours
	2 인칭	you	your	you	yours
	3 인칭	they	their	them	theirs

ice

[aɪs 아이스] 명 얼음

She slipped on the ice.
그녀는 얼음 위에서 미끄러졌다.

ice cream

[aɪs kriːm 아이스 크리ː임] 몡 아이스크림

My favorite ice cream cone flavor is chocolate.
내가 제일 좋아하는 아이스크림 콘 맛은 초코야.

vanilla 바닐라
[vəˈnɪlə 버닐러]

chocolate 초콜릿
[ˈtʃɑːklət 촤ː클럿]

strawberry 딸기
[ˈstrɔːberi 스트로ː베리]

iceberg icebergs

[ˈaɪsbɜːrg 아이스버ːㄹ그] 몡 빙산

Most of an iceberg is under water. 빙산의 대부분은 바다 밑에 잠겨있다.

idea ideas

[aɪˈdiːə 아이디ː어] 몡 생각

That's a good idea. 좋은 생각이에요.

if

[ɪf 이프] 젭 만일 ~라면

If it's fine tomorrow, I will go there.
만일 내일 날이 좋으면 난 거기에 갈거야.

ill

[ɪl 일] 혱 아픈

Bill is ill. 빌이 아프다.

imagine
imagined, imagined, imagining, imagines

[ɪˈmædʒɪn 이매쥔] ⑧ 상상하다, ~라고 생각하다

I can't imagine living without you. 너 없는 삶은 생각할 수도 없어.

important

[ɪmˈpɔːrtnt 임포:르튼트] ⑩ 중요한, 귀중한

It is important to study hard. 열심히 공부하는 것은 중요하다.

impossible

[ɪmˈpɑːsəbl 임파:써블] ⑩ 불가능한 ↔ **possible**

It's almost impossible to prove. 그것은 입증하는 것이 거의 불가능하다.

impress
impressed, impressed, impressing, impresses

[ɪmˈpres 임프레스] ⑧ 인상을 주다, 감동시키다

The story impressed me. 그 이야기는 나에게 감동을 주었다.

improve
improved, improved, improving, improves

[ɪmˈpruːv 임프루:브] ⑧ ❶ 개량하다, 개선하다 ❷ 나아지다

You must improve your reading. 너는 읽는 법을 개선해야 한다.

in

[ɪn 인] ⑳ ~안에

The cat wants in. 고양이가 안으로 들어가고 싶어 한다.

insect insects

['ɪnsekt 인쎅트] 몡 곤충

I have insect bites all over. 나는 온통 벌레에게 쏘였다.

bee 벌
[biː 비ː]

ladybug 무당벌레
['leɪdɪbʌg 레이디버그]

dragonfly 잠자리
['drægənflaɪ 드래건플라이]

ant 개미
[ænt 앤트]

fly 파리
[flaɪ 플라이]

mantis 사마귀
['mæntɪs 맨티스]

spider 거미
['spaɪdə(r) 스파이더(ㄹ)]

grasshopper 메뚜기
['græshɑːpər 그래스하ː퍼ㄹ]

mosquito 모기
[məˈskiːtoʊ 머스키ː토우]

moth 나방
[mɔːθ 모ː쓰]

cicada 매미
[sɪˈkeɪdə 씨케이더]

butterfly 나비
['bʌtərflaɪ 버터ㄹ플라이]

independent

[ˌɪndɪˈpendənt 인디펜던트] 형 독립한, 자립한

Many films are independent. 이 중 대다수가 독립 애니메이션이다.

industry

[ˈɪndəstri 인더스트리] 명 (제조) 공업, 산업

My company is a giant in car industy.
우리 회사는 자동차 산업의 거대기업이다.

information

[ˌɪnfərˈmeɪʃən 인퍼ㄹ메이션] 명 정보

I have no information about it. 나는 그것에 대해 정보가 없다.

ink

[ɪŋk 잉크] 명 잉크

The ink bottle is empty. 잉크병이 비어 있다.

inside

[ɪnˈsaɪd 인싸이드] 부 내부에(로), 안쪽에(으로) 전 ~의 안쪽에 ↔ outside ~의 밖으로

The ducks were put inside the fence.
오리가 울타리 안에 넣어졌다.

Chicks are inside eggs.
병아리들이 알 속에 있다.

insist
insisted, insisted, insisting, insists

[ɪnˈsɪst 인씨스트] 동 주장하다, 고집하다, 강조하다(~on, that)

Mom always insists that we keep our rooms tidy.
어머니는 항상 우리에게 방을 깨끗하게 유지할 것을 강조하신다.

instant

[ˈɪnstənt 인스턴트] 명 즉시, 순간 = **moment** 형 즉시의, 즉석의

The horse stopped for an instant. 그 말은 한순간 멈춰섰다.

instead

[ɪnˈsted 인스테드] 부 그 대신에

He ate an apple instead of an orange.
그는 오렌지 대신에 사과를 먹었다.

instruction

[ɪnˈstrʌkʃən 인스트럭션] 명 지시, 교훈, 가르침

The instructions were written in simple English.
지시 사항이 쉬운 영어로 쓰여 있었다.

interest

[ˈɪntrəst 인트러스트] 명 흥미

She's lost interest in tennis.
그녀는 테니스에 대한 흥미를 잃어버렸다.

interested

['ɪntrəstɪd 인트러스티드] 형흥미를 가진

He is interested in English. 그는 영어에 흥미를 가지고 있다.

interesting

['ɪntrəstɪŋ 인트러스팅] 형흥미 있는, 재미있는 ↔ **boring** 지루한

The game is very interesting. 그 시합은 매우 재미있다.

international

[ˌɪntərˈnæʃənəl 인터내셔널] 형국제적인, 국제간의

English is an international language. 영어는 국제어이다.

into

['ɪntuː 인투ː] 전~의 안쪽으로 ↔ **out of** ~의 밖으로

They went into the tent. 그들은 텐트 안으로 들어갔다.

introduce introduced, introduced, introducing, introduces

[ˌɪntrəˈduːs 인트러듀ː스] 동소개하다

Let me introduce myself. 저를 소개하겠어요.

invite invited, invited, inviting, invites

[ɪnˈvaɪt 인봐이트] 동초대하다, 부르다

She invited her friends to the party. 그녀는 친구들을 파티에 초대했다.

iron irons

['aɪərn 아이ㄹ언] 몡 철, 다리미

Strike while the iron is hot. 쇠는 달구어졌을 때 두드려라.

is

[ɪz 이즈] 동 be의 3인칭단수 ↔ **isn't**

This is my guitar. 이것은 내 기타입니다.

Is that also your guitar? 저것도 당신 기타입니까?
- **No, it isn't.** 아니오.

What's he doing? 그는 무엇을 하고 있습니까?
- **He is palying the guitar.** 그는 기타를 치고 있습니다.

island islands

['aɪlənd 아일런드] 몡 섬

Japan is an island country. 일본은 섬나라이다.

it

[ɪt 잇] 때 그것

What's this? 이건 뭐예요?
- **It's a snowman.** 그건 눈사람이에요.

What's the weather like today? 오늘 날씨 어때요?
- **It's cold.** 추워요.

its

[ɪts 잇츠] 때 그것의, 저것의 <it의 소유격>

Turn the box on its side.

상자를 옆으로 돌려라.

Jj

jacket jackets

[ˈdʒækɪt 재킷] 명 (소매 달린 짧은) 웃옷, 재킷

He has the same kind of leather jacket as mine.
그는 내 것과 똑같은 가죽 재킷이 있다.

jaguar jaguars

[ˈdʒægjuə(r) 재규어(ㄹ)] 명 재규어

Jaguars love to climb trees and to swim in lakes.
재규어는 나무에 올라가거나 호수에서 헤엄치는 것을 좋아한다.

jam

[dʒæm 잼] 명 잼

Spread jam on bread.
빵에 잼을 바르세요.

January

[ˈdʒænjueri 재뉴에리] 명 1월

Please hand in your essay before January 15.
1월 15일 전까지 에세이를 제출하세요.

jar _{jars}

[dʒɑː(r) 자ː(ㄹ)] 몡 (아가리가 넓은) 항아리, 단지

Ben put the top on the jar. 벤은 항아리 뚜껑을 닫았다.

job _{jobs}

[dʒɑːb 자ː압] 몡 직업, 일

What's your job? 직업이 뭐예요?

waitress 여종업원
['weɪtrəs 웨이트러스]

baker 제빵사
['beɪkə(r) 베이커(ㄹ)]

announce 아나운서
[ə'naʊns 어나운스]

painter 화가
['peɪntə(r) 페인터(ㄹ)]

dressmaker 제봉사
['dresmeɪkə(r) 드레스메이커(ㄹ)]

hairdresser 미용사
['heədresə(r) 헤어드레써(ㄹ)]

police officer 경찰관
[pəˈliːs ɔːfɪsə(r) 펄리:스 오:피서(ㄹ)]

pilot 비행기 조종사
[ˈpaɪlət 파일럿]

fire fighter 소방관
[ˈfaɪə(r) ˈfaɪtə(r) 파이어(ㄹ) 파이터(ㄹ)]

tailor 재단사
[ˈteɪlə(r) 테일러(ㄹ)]

barber 이발사
[ˈbɑːrbə(r) 바:ㄹ버(ㄹ)]

mechanic 정비사
[məˈkænɪk 머캐닉]

doctor 의사
[ˈdɑːktə(r) 다:악터(ㄹ)]

cook 요리사
[kʊk 쿡]

farmer 농부
[ˈfɑːrmə(r) 퐈:ㄹ머(ㄹ)]

join joined, joined, joining, joins

[dʒɔɪn 조인] 통 가입하다

Can't you join us? 우리와 같이 할 수 없니?

joke jokes

[dʒoʊk 조우크] 명 농담, 짓궂은 장난

He often makes good jokes. 그는 자주 재미있는 농담을 한다.

journey

['dʒɜːrni 줘ːㄹ니] 명 (보통 육상의) 여행

How long a journey is it? 얼마나 긴 여행입니까?

● journey, trip, tour

여행을 나타내는 단어에는 **journey**, **trip**, **tour** 등 여러 가지가 있는데요. 아주 조금씩 뉘앙스가 달라요.

journey는 특히 멀리 가는 장거리 여행이나 이동, 여정, **trip**은 어떤 특정 목적을 위한 짧은 관광이나 이동을 말해요. **tour**는 여러 도시나 국가 등을 방문하는 여행이나 관광을 말해요.

a long and difficult journey across the mountains 산맥을 넘는 멀고 힘든 여정,
a business trip 출장, **a day trip** 당일 여행,
a tour of Korea 한국 관광, **a concert tour** 순회 연주

joy

[dʒɔɪ 조이] 명 기쁨

He jumped up with joy. 그는 기뻐서 깡충 뛰었다.

judge judged, judged, judging, judges / judges

[dʒʌdʒ 줘쥐] 동 판단하다; 판정하다 명 판사

Don't judge a man by his appearance.
사람을 외모로 판단하지 마라.

The judge asked the court to be silent.
판사는 법정에 있는 사람들에게 조용히 하라고 했다.

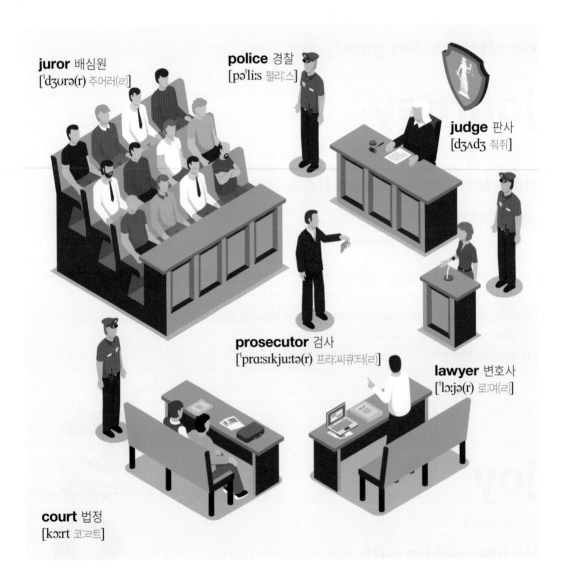

juror 배심원
['dʒʊrə(r) 주어러(ㄹ)]

police 경찰
[pə'liːs 펄리:스]

judge 판사
[dʒʌdʒ 줘쥐]

prosecutor 검사
['prɑːsɪkjuːtə(r) 프라:씨큐:터(ㄹ)]

lawyer 변호사
['lɔːjə(r) 로:여(ㄹ)]

court 법정
[kɔːrt 코:ㄹ트]

juice

[dʒuːs 쥬ːs] 몡 주스

I ordered a glass of juice. 나는 주스 한 잔을 주문했다.

July

[dʒuˈlaɪ 줄라이] 몡 7월

Wasn't the festival held in July? 그 축제는 7월에 열리지 않았나요?

jump jumped, jumped, jumping, jumps

[dʒʌmp 점프] 통 뛰어오르다

The lion jumps over a stick. 사자가 막대기를 뛰어넘다.

June

[dʒuːn 주ː 운] 몡 6월

June twenty-first is the longest day of the year.
6월 21일은 1년 중 낮이 가장 긴 날이다.

jungle

[ˈdʒʌŋɡl 정글] 몡 밀림지대, 정글

The lion is the king of the jungle.
사자는 밀림의 왕이다.

221

junior juniors

['dʒuːniə(r) 주:니어(ㄹ)] 혱 손아래의 몡 손아랫사람 ↔ **senior**

He is my junior by three years. 그는 나보다 세 살 아래다.
I am his junior. 나는 그의 후배다.

junk

[dʒʌŋk 졍크] 몡 쓰레기 = trash, waste

I've cleared out all junk in the attic.
다락방에 있는 쓰레기는 다 치웠어.

just

[dʒʌst 줘스트] 흺 꼭, 바로, 오직, 단지

He is just a child.
그는 단지 아이일 뿐이다.

The hospital is just around the corner.
병원은 모퉁이 돌면 바로 있어요.

Min-ho decided to learn chinese just for fun.
민호는 오직 재미로 중국어를 배우기로 했다.

Bill acts just like a child.
빌은 하는 짓이 꼭 어린애 같다.

Kk

kangaroo kangaroos

[ˌkæŋgəˈruː 캥거루:] 몡 캥거루

The kangaroo is native to Australia. 호주는 캥거루의 원산지다.

keep kept, kept, keeping, keeps

[kiːp 키:입] 동 유지하다, 계속하다, 보관하다

I kept the balls in the box. 나는 공을 상자에 보관했다.
Keep going. 계속 가.
Keep off the grass. 잔디밭에 들어가지 마시오.
Please keep a seat for me. 내 자리 꼭 남겨둬요.

key keys

[kiː 키:] 몡 열쇠

I've lost my key.
나는 열쇠를 잃어버렸다.

keyhole 열쇠구멍
[ˈkiːhoʊl 키:호울]

자물쇠
[laːk 라:악]

electronic key 전자키
[ɪˌlɛkˈtrɑːnɪk kiː 일렉트라:닉 키:]

kick kicked, kicked, kicking, kicks

[kɪk 킥] 동 차다

She kicked his knee. 그녀는 그의 무릎을 걷어찼다.

223

kid
kids / kidded, kidded, kidding, kids

[kɪd 키드] 몡 아이 통 농담하다

Kids love cookies. 아이들은 과자를 좋아한다.
You are kidding me. 농담이죠.

kill
killed, killed, killing, kills

[kɪl 킬] 통 죽이다

Don't kill the ant.
그 개미를 죽이지 마라.

kilometer
kilometers

[ˈkɪləmiːtə(r) 킬러미ː터(ㄹ)] 몡 킬로미터(1,000m; km)

One kilometer is equal to 1,000 meters.
1킬로미터는 1,000미터다.

kind
kinds

[kaɪnd 카인드] 몡 종류 혱 친절한

What kind of food do you like? 어떤 종류의 음식을 좋아하니?
You are so kind. 정말 친절하시군요.

kindness

[ˈkaɪndnəs 카인드너스] 몡 친절, 상냥함

I am impressed with your kindness.
당신의 친절에 감명을 받았습니다.

king kings

[kɪŋ 킹] 몡 왕

The king had one princess. 왕은 한 명의 공주를 두었다.

kiss kissed, kissed, kissing, kisses

[kɪs 키스] 동 키스하다, 입 맞추다

My aunt kissed me on the cheek. 아주머니는 나의 볼에 키스하셨다.

kitchen kitchens

[ˈkɪtʃɪn 키췬] 몡 부엌

Mother is in the kitchen. 엄마는 부엌에 계신다.

fork [fɔːrk 포ː르크] 포크
knife [naɪf 나이프] 칼
spoon [spuːn 스푸ː운] 숟가락

frying pan 프라이팬
[fraɪɪŋ pæn 프라잉 팬]

chopsticks 젓가락
[ˈchopsticks 촙스틱스]

ladle 국자
[ˈleɪdl 레이들]

jar (입구가 넓은) 병
[dʒɑː(r) 좌ː(ㄹ)]

glass 유리잔
[glæs 글래스]

bowl 사발, 공기
[boʊl 보울]

dish (깊은) 접시
[dɪʃ 디쉬]

bottle [ˈbɑːtl 바ː틀] 병   kettle [ˈketl 케틀] 주전자   pot [pɑːt 파ː트] 냄비   oven [ˈʌvn 어븐] 오븐

225

microwave oven 전자레인지
[ˈmaɪkrəweɪv ˈʌvn 마이크러웨이브 어븐]

freezer 냉동고
[ˈfriːzə(r) 프리ː저(르)(ㄹ)]

fridge 냉장고
[frɪdʒ 프리쥐]

gas stove 가스레인지
[gæs stoʊv 개스 스토우브]

cutting board 도마
[ˈkʌtɪŋ bɔːrd 커팅 보ː르드]

can 통조림
[kæn 캔]

cupboard 찬장
[ˈkʌbərd 캅버르드]

plate (납작하고 둥근) 접시
[pleɪt 플레이트]

faucet 수도꼭지
[ˈfɔːsɪt 포ː씻]

cup 컵, 찻종
[kʌp 컵]

sink 씽크대
[sɪŋk 씽크]

kite kites

[kaɪt 카이트] 몡 연

The kite caught in a tree. 연이 나무에 걸렸다.

kitten kittens

['kɪtn 키튼] 몡 새끼고양이

The kitten mews when it is hungry.
배가 고프면 새끼고양이는 야옹거린다.

cat 고양이
[kæt 캣]

kitten 새끼고양이

knee knees

[ni: 니:] 몡 무릎

I have a pain in my knee.
무릎이 아파요.

knife knives

[naɪf 나이프] 몡 칼

The knife is very sharp.
그 칼은 정말 날카로워.

K

knock knocked, knocked, knocking, knocks

[nɑːk 나ː악] 동 두드리다

She heard a knock on the door.
그녀는 문을 두드리는 소리를 들었다.

know knew known knowing knows

[noʊ 노우] 동 알다

I know lots of fun songs. 난 재미있는 노래를 많이 알고 있어.
This was before I knew you. 이건 내가 너를 알기 전의 일이었어.

Do you know the way to the library? 도서관 가는 길을 알아요?
- Sorry, I don't know. 미안해요. 모릅니다.

Ll

ladder ladders

[ˈlædə(r) 래더(ㄹ)] 몡 사다리

Stand the ladder against the wall. 벽에 사다리를 기대 봐.

lady ladies

[ˈleɪdi 레이디] 몡 숙녀 ↔ **gentleman** 신사

She did like a lady.
그녀는 숙녀답게 행동했다.

lake lakes

[leɪk 레이크] 몡 호수

We walked to the lake.
우리는 호수까지 걸었다.

lamp lamps

[læmp 램프] 몡 등, 등불

There is a lamp on the desk. 책상 위에 등이 있다.

land

[lænd 랜드] 명 땅, 육지

The land lies high. 그 땅은 높은 곳에 있다.

language languages

[ˈlæŋgwɪdʒ 랭귀쥐] 명 언어, 말

English is a foreign language. 영어는 외국어이다.
Humans can communicate through sign language.
인간은 수화를 통해 대화할 수 있다.

lap

[læp 랩] 명 무릎(앉아서 허리에서 무릎까지의 부분)

The baby sat on his mother's lap. 아기가 어머니 무릎 위에 앉아 있다.

large

[lɑːrdʒ 라:ㄹ쥐] 형 큰, 많은 ↔ small

An elephant is a large animal.
코끼리는 큰 동물이다.

last

[læst 래스트] 형 최후의, 지난 ↔ first

She left last Sunday.
그녀는 지난 일요일에 떠났다.

230

late

[leɪt 레이트] 형 늦은 ↔ **early** 이른

I'm late for school. 나 학교에 늦었어.

later

['leɪtə(r) 레이터(ㄹ)] 부 뒤에, 후일에

See you later. 나중에 보자.

laugh laughed, laughed, laughing, laughs

[læf 래프] 동 웃다

Bill has a loud laugh. 빌은 웃음소리가 크다.

● **laugh, smile, giggle**

laugh는 (소리내어) 웃다, **smile**는 (소리를 내지 않고) 웃다, 미소 짓다,
giggle 피식 웃다, 키득거리다

law laws

[lɔː 로ː] 명 법, 법률

We must obey the law. 우리는 법을 따라야 한다.

lawyer lawyers

['lɔːjə(r) 로:여(ㄹ)] 몡 변호사

My dream is to become a lawyer. 제 꿈은 변호사가 되는 거예요.

lay laid, laid, laying, lays

[leɪ 레이] 동 ~을 놓다

He laid a pencil on the book. 그는 연필을 책 위에 놓았다.

● **lay와 lie**

두 단어는 모양도 비슷하고 뜻도 비슷해서 헷갈리기 쉬워요.

lay   살짝 조심스레 놓다, 두다 **lay-laid-laid**
     She laid down the baby. 그녀는 아기를 살짝 내려 놓았다.

lie   거짓말하다 **lie-lied-lied**
     Don't lie to me. 거짓말 하지마. / **It's a lie.** 그건 거짓말이야.
     드러눕다, 놓여 있다 **lie-lay-lain**
     Lie down! 누우세요. / **She lay on the floor.** 그녀는 바닥에 드러누웠다.

lazy

['leɪzi 레이지] 혱 게으른, 꾀부리는 ↔ **diligent** 부지런한

The lazy boys failed in the examination.
그 게으른 소년들은 시험에 떨어졌다.

lead led, led, leading, leads

[liːd 리:드] 동 인도하다, 안내하다

You lead, and we'll follow.
네가 앞장서라, 그러면 우리가 따르겠다.

leader leaders

['liːdə(r) 리:더(ㄹ)] 명 지도자, 리더

He is the leader of the party. 그는 그 정당의 지도자이다.

leaf leaves

[liːf 리:프] 명 잎

This is a four-leaf clover. 이것은 네 잎 클로버.

league leagues

[liːg 리:그] 명 연맹, 리그

He is a minor league baseball player. 그는 2군 야구팀 선수이다.

lean leaned, leaned, leaning, leans

[liːn 리:인] 동 기대다, 의지하다

Don't lean against the elevator door. 엘리베이터 문에 기대지 마시오.

learn learned, learned, learning, learns

[lɜːrn 러:ㄹ언] 동 배우다

I want to learn English. 나는 영어를 배우고 싶어.

least

[liːst 리:스트] 명 ❶ <the least로> 최소량, 최소 ❷ <at least로> 적어도

I have at least one dollar. 나는 적어도 1달러는 가지고 있다.

leave left, left, leaving, leaves

[li:v 리ː브] 동 떠나다, 남기다

Bill will leave tomorrow. 빌은 내일 떠날 거야.
Leave it to me. 내게 맡겨.
He left the house at eight. 그는 8시에 집을 나갔다.

left

[left 레프트] 명 왼쪽 형 왼쪽의 ↔ **right** 오른쪽(의)

He writes left-handed. 그는 왼손으로 쓴다.

leg legs

[leg 레그] 명 다리

My leg pains me. 다리가 아파요.

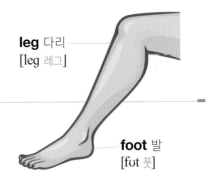

leg 다리
[leg 레그]

foot 발
[fʊt 풋]

lemon lemons

[ˈlemən 레먼] 명 레몬

The lemon has a sour taste. 레몬은 신맛이 난다.

lend lent, lent, lending, lends

[lend 렌드] 동 빌려 주다 ↔ **borrow** 빌리다

Can you lend me your pen? 네 펜 좀 빌려 주겠니?

Who lent you the pen? 누가 너에게 펜을 빌려줬니?
- Bill did. 빌이요.

leopard leopards

['lepərd 레퍼ㄹ드] 몡 표범

The leopard is a skillful hunter. 표범은 능란한 사냥꾼이다.

less

[les 레스] 閉 ~보다 적게

She is less beautiful than her sister. 그녀는 동생보다 예쁘지 않다.

lesson lessons

['lesn 레쓴] 몡 학과, 수업

I have no lesson today. 오늘은 수업이 없다.

let let, let, letting, lets

[let 렛] 동 허락하다, 놓아두다, ~하자

Let me go out. 나가게 허락해 주세요.
Let it go. 그냥 놔두렴.
Let me try. 내가 해볼게.
Let's go. 가자.
Let's play soccer. 축구하자.

letter letters

['letə(r) 레터(ㄹ)] 몡 편지, 글자

Please mail this letter. 이 편지를 좀 부쳐 주세요.

library libraries

['laɪbreri 라이브레리] 영 도서관

You should be quiet in the library. 도서관에서는 조용히 해야 한다.

lick licked, licked, licking, licks

[lɪk 릭] 동 핥다

He licked his fingers. 그가 (자기) 손가락을 핥았다.

lie lies / lied(lay), lied(lain), lying, lies

[laɪ 라이] 명 거짓말 동 거짓말하다, 눕다 (▶연관 lay)

You must not tell a lie.
거짓말을 하면 안 된다.

Lie down here and take a rest.
여기 누워서 좀 쉬어라.

life

[laɪf 라이프] 명 생활

She is living a very happy life. 그 여자는 매우 행복한 생활을 하고 있다.

lift lifted, lifted, lifting, lifts

[lɪft 리프트] 동 들어올리다

Peter tried to lift a chair. 피터는 의자를 들려고 시도해 보았어요.

light

[laɪt 라이트] 몡 빛, 밝기 혱 밝은, 가벼운 ↔ **heavy** 무거운

Turn on the light.
불을 켜라.

This box is very light.
이 상자는 매우 가볍다.

lighting

['laɪtɪŋ 라이팅] 몡 빛, 조명

The performance began under bright, colorful lighting.
화려한 조명 아래 공연이 시작되었다.

like liked, liked, liking, likes

[laɪk 라이크] 통 좋아하다 혱 ~같은

She likes to sing a song. 그녀는 노래 하는 걸 좋아해요.
She likes music. 그녀는 음악을 좋아해요.
She likes playing the guitar. 그녀는 기타치는 걸 좋아해요.

What is she like? 그녀는 어떤 사람같나요?
-**Sally sings like a pop singer.** 샐리는 팝가수처럼 노래를 해요.

lily lilies

['lɪli 릴리] 몡 백합(꽃)

A lily is a pretty flower. 백합은 예쁜 꽃이다.

line lines

[laɪn 라인] 몧 선, 줄

Billy is the first in line. 빌리는 줄의 맨 앞에 있다.

lion lions

[ˈlaɪən 라이언] 몧 사자

The lion is king of the jungle. 사자는 정글의 왕이다.

lip lips

[lɪp 립] 몧 입술

She has rosy lips. 그녀는 장밋빛 입술을 가졌다.

list lists

[lɪst 리스트] 몧 목록

Henry is writing a long list. 헨리는 긴 목록을 작성하고 있다.

listen listened, listened, listening, listen

[ˈlɪsn 리쓴] 롱 (귀 기울여) 듣다

I'm listening to music. 나는 음악을 듣고 있어.
Listen to the bells! 종소리를 들어 봐요!
Listen carefully. 주의깊게 들어보세요.

little

['lɪtl 리틀] 형 작은, 적은 ↔ **big** 큰, **much** 많은

The cat is little. 저 고양이는 작다.
The water is little. 저 물은 적다.

L

live lived, lived, living, lives

[laɪv 라이브] 형 생생한 / [lɪv 리브] 동 살다

We saw a real live snake! 우리는 진짜 살아 있는 뱀을 보았어!
They live in Seoul. 그들은 서울에 산다.

living room

['lɪvɪŋ ruːm 리빙 루ː움] 명 거실

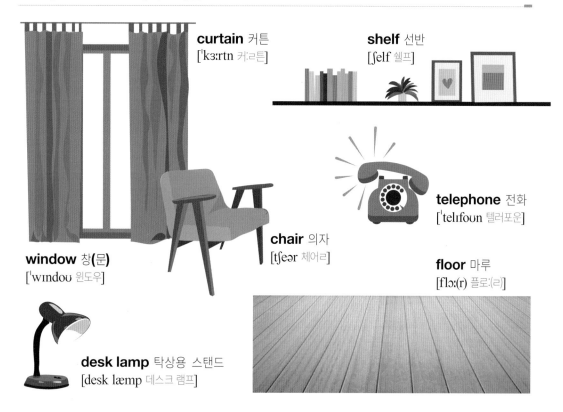

curtain 커튼
['kɜːrtn 커ː르튼]

shelf 선반
[ʃelf 쉘프]

telephone 전화
['telɪfoʊn 텔러포운]

chair 의자
[tʃeər 체어ㄹ]

floor 마루
[flɔː(r) 플로ː(ㄹ)]

window 창(문)
['wɪndoʊ 윈도우]

desk lamp 탁상용 스탠드
[desk læmp 데스크 램프]

air conditioner 에어컨
[eə(r) kənˈdɪʃənə(r) 에어(리) 컨디셔너(리)]

stairs 계단
[steə(r)z 스테어(리)즈]

light 등
[laɪt 라이트]

coffee table 티테이블
[kɔːfi ˈteɪbl 코ː피 테이블]

clock 시계
[klɑːk 클라ː크]

wall 벽
[wɔːl 워ː얼]

TV 텔레비전
[ˌtiː ˈviː 티ː비ː]

sofa 소파
[ˈsoʊfə 쏘우퍼]

carpet 카펫
[ˈkɑːrpɪt 카ː르핏]

240

llama llamas

[ˈlɑːmə 라:머] 몡 라마(남미에서 털을 얻고 짐을 운반하게 하기 위해 기르는 가축)

The llama is related to the camel. 라마는 낙타와 동족이다.

lock locked, locked, locking, locks / locks

[lɑːk 라:크] 됭 잠그다 몡 자물쇠

Did you lock the door? 문 잠갔니?
Sam is locking up his bicycle. 샘은 자전거에 자물쇠를 채우고 있다.

lonely

[ˈloʊnli 로운리] 혱 고독한, 홀로의

He lived a lonely life. 그는 고독한 일생을 보냈다.

long

[lɔːŋ 로:옹] 혱 긴 ↔ short 짧은

She has long hair.
그녀는 머리가 길다.

a long pencil 긴 연필

a longer pencil 더 긴 연필

the longest pencil 가장 긴 연필

look looked, looked, looking, looks

[lʊk 룩] 동 보다, 바라보다, 마치 ~인 것 같다

Look at me. 나를 봐.
Look for the key. 열쇠를 찾아라.
Look after your brother. 동생을 돌봐라.
You look happy. 너는 행복해 보인다.
It looks like rain. 비가 올 것 같아.

loose

[luːs 루:스] 형 헐렁한, 느슨한 ↔ **tight** 단단한, 꼭 맞는

His coat is too loose.
그의 코트는 너무 헐렁하다.

lorry lorries

['lɔːri 로:리] 명 화물자동차, 트럭

There is no lorry parking facility.
화물자동차 주차 시설이 없다.

lose lost, lost, losing, loses

[luːz 루:즈] 동 잃어버리다, 지다, 길을 잃다 ↔ **win** 이기다

I lost my key. 나는 열쇠를 잃어 버렸다.
I don't want to lose you. 너를 잃고 싶지 않다.
My team lost to Iraq. 우리팀은 이라크에 졌다.
We lost in the woods. 우리는 숲 속에서 길을 잃었다.

lost

[lɔːst 로:스트] 형 길을 잃은

We always get lost in London. 런던에서 우리는 늘 길을 잃는다.

lot

[lɑːt 라:앗] 명 많음 부 크게

I have a lot of money. 나는 돈을 많이 갖고 있다.

● a lot of, lots of

a lot of와 **lots of**는 둘 다 '많은'이라는 뜻이에요.
뒤에 오는 명사에 따라 **many**로 바꿀 수도 있고, **much**로 바꿀 수도 있어요.
a lot of apples = lots of apples = many apples 많은 사과
a lot of water = lots of water = much water 많은 물

loud

[laʊd 라우드] 형 (소리가) 큰

Don't talk so loud. 그렇게 크게 말하지 마라.

love loved, loved, loving, loves

[lʌv 러브] 명 사랑 동 사랑하다

They love each other. 그들은 서로 사랑한다.

lovely

['lʌvli 러블리] 형 사랑스러운, 귀여운

She is a lovely girl. 그녀는 사랑스러운 소녀이다.

low

[loʊ 로우] 働 낮은 働 낮게 ↔ **high** 높은

The wall is low. 그 벽은 낮다.

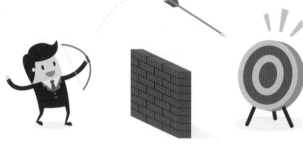

luck

[lʌk 럭] 働 행운

Good luck to you! 행운을 빕니다!

lucky

[ˈlʌki 럭키] 働 운이 좋은, 행운의

How lucky you are! 당신은 참으로 운이 좋군요!

lunch

[lʌntʃ 런취] 働 점심

It's time for lunch. 점심시간이다.

school cafeteria 학교(교내) 식당
[skuːl ˌkæfəˈtirijə 스쿠ː울 캐퍼티리어]

school lunch 학교 급식
[skuːl lʌntʃ 스쿠ː울 런취]

food tray 식판
[fuːd treɪ 푸ː드 트레이]

Mm

ma'am

[mæm 맴] 명 선생님, 아주머니

May I help you, ma'am? 도와 드릴까요, 아주머니?

machine machines

[məˈʃiːn 머쉬:인] 명 기계

Any vending machines around here?
이 근처에 자판기 어디 있습니까?

washing machine 세탁기
[ˈwɑːʃɪŋ məˈʃiːn 와:싱 머쉬:인]

sewing machine 재봉틀
[souɪŋ məˈʃiːn 소우잉 머쉬:인]

mad

[mæd 매드] 형 미친

He is quite mad. 그는 아주 미쳤다.

madam

['mædəm 매덤] ⑲ 아씨, 마님, ~부인

Madam, May I have a seat? 부인, 제가 앉아도 될까요?

magazine magazines

['mæɡəziːn 매거지:인] ⑲ 잡지

He is reading a magazine. 그는 잡지를 읽고 있다.

magic

['mædʒɪk 매쥑] ⑱ 마법의, 요술의 ⑲ 마법, 마술

She had a magic lamp. 그녀는 마술 램프를 가지고 있었다.
My uncle is very good in performing magic.
아저씨는 요술 부리기를 아주 잘한다.

mailbox 우체통
['meɪlˌbɑːks 메일바:악스]

mail

[meɪl 메일] ⑲ 우편

I sent a message to him by E-mail.
나는 그에게 이메일로 메세지를 보냈다.
The morning mail is late.
아침 우편배달이 늦다.

mail carrier 우편배달원
[meɪl 'kæriə(r) 메일 캐리어(ㄹ)]

mailbox mailboxes

['meɪlbɑːks 메일바:악스] ⑲ 우편함, 우체통

Is there a mailbox around here? 이 근처에 우체통 있나요?

main

[meɪn 메인] 휑 으뜸가는, 주요한

This is the main street of this town.
이곳이 이 도시의 번화가이다.

make made, made, making, makes

[meɪk 메익] 동 만들다, ~이 되다

Cows make milk.
암소들이 우유를 만들어 낸다.

One and three makes four.
1 더하기 3은 4이다.

I made it! 해냈다.

man men

[mæn 맨] 명 남자, 사람 ↔ **woman** 여자

That man is handsome. 저 남자는 잘생겼다.

manager managers

['mænɪdʒə(r) 매니줘(ㄹ)] 명 지배인, 관리자

We aren't in contact of the manager.
매니저와 연락이 안 된다.

# mango
mangoes(mangos)

['mæŋgoʊ 맹고우] 몡 망고

Slice kiwi, mango, and pear pieces into fan shapes.
키위, 망고, 배를 부채꼴로 조각내어라.

manner

['mænə(r) 매너(ㄹ)] 몡 태도, 예의범절

She spoke in a gentle manner. 그녀는 점잖게 말했다.

mantis

['mæntɪs 맨티스] 몡 사마귀

The mantis can rotate its head 360 degrees.
사마귀는 머리를 360도 돌릴 수 있다.

many

['meni 메니] 혱 많은, 다수의 (▶연관 lot, much, more, most)

I have a few, but not many. 내게 조금은 있지만, 많이는 없다.

How many times do you eat out a month?
한 달에 외식을 몇 번 하니?

- Twice a month. 한 달에 두 번이요.

How many people are there in a class? 한 반에 몇 명이 있죠?
- Thirty people. 30명이요.

map maps

[mæp 맵] 명 지도

Henry is looking at a map.
헨리는 지도를 보고 있다.

world map 세계지도
[wɜːrld mæp 워ː르얼드 맵]

atlas 지도책
[ˈætləs 애틀러스]

globe 지구본
[gloʊb 글로우브]

maple maples

[ˈmeɪpl 메이플] 명 단풍나무

Serve with maple or fruit syrup. 메이플 시럽 아니면 과일 시럽을 넣어라.

March

[mɑːrtʃ 마ː르취] 명 3월

The date is ides of March. 그날은 3월 15일이다.

mark marks / marked, marked, marking, marks

[mɑːrk 마ː르크] 명 자국, 표시, 점수 동 표시하다

The ship was marked with a red cross.
그 배에는 적십자 마크가 붙어 있었다.

question mark
[ˈkwestʃən mɑːrk
퀘스천 마ː르크] 물음표

On your mark! Get set! Go!
제자리에! 준비! 땅!

exclamation mark
[ˌekskləˈmeɪʃən mɑːrk
엑스클러메이션 마ː르크] 느낌표

I got good marks.
나는 좋은 점수를 받았다.

market markets

['mɑːrkɪt 마ːㄹ킷] 몡 시장

Corn is available in the market. 옥수수는 시장에서 살 수 있다.

marriage

['mærɪdʒ 매리쥐] 몡 결혼

Bill will contract marriage with Susan. 빌은 수잔과 결혼할 것이다.

marry married, married, marrying, marries

['mæri 매리] 동 (~와) 결혼하다

Please marry me. 저와 결혼해 줘요.

master mastered, mastered, mastering, masters

['mæstə(r) 매스터(ㄹ)] 동 ~을 완전히 익히다 몡 (흔히 하인의) 주인

This is the best way to master English.
이것이 영어를 통달하는 최선의 방법이다.

match matches

[mætʃ 매취] 몡 성냥, 경기

The match was horse and horse.
그 경기는 대등했다.

The man is holding an unlit match.
남자가 불이 붙지 않은 성냥을 들고 있다.

math

['mæθ 매쓰] 명 수학 <mathematics의 준말>

English is easier than math.
영어는 수학보다 쉽다.

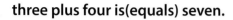

three plus four is(equals) seven.

$$3 + 4 = 7$$

Two times three is six

$$2 × 3 = 6$$

Five minus two is three.

$$5 - 2 = 3$$

Ten divided by five is two.

$$10 ÷ 5 = 2$$

addition	subtraction	multiplication	division
$+$	$-$	$×$	$÷$

one half	one third	one quarter	two point five
1/2	1/3	1/4	2.5

kilometer	meter	centimeter	milimeter
km	m	cm	mm

kilogram	gram	liter	deciliter
kg	g	l	dl

matter matters

[ˈmætə(r) 매터(ㄹ)] 명 문제

What's the matter? 무슨 문제 있니?
I looked over the matter. 나는 그 문제를 검토했다.

may might

[meɪ 메이] 명 5월 (M-) 조 ~일지도 모른다, ~해도 좋다

It is Children's Day in Korea on May 5.
한국에서 5월 5일은 어린이날이다.

It may rain tomorrow. 내일 비가 올지도 몰라요.

May I use your pen? 당신 펜을 써도 될까요?
- Sure. 물론이죠.
May I help you? 도와드릴까요?
- Yes, please. 예.

maybe

[ˈmeɪbi 메이비] 부 아마, 어쩌면

Maybe that's true. 아마 사실일 거야.

mayor mayors

[ˈmeɪər 메이어ㄹ] 명 시장, 군수

Who's running for mayor this year?
올해 누가 시장 선거에 출마합니까?

me

['mi: 미:] (대) 나를, 나에게 <I의 목적격>

Bill gave me an apple. 빌이 나에게 사과를 줬다.
Look at me. 나를 봐.

M

meal meals

[mi:l 미:일] (명) 식사, 한끼

Our meal is ready, so let's eat.
식사 준비 다 됐다. 먹자.

mean meant, meant, meaning, means

[mi:n 미:인] (동) ~을 뜻하다, ~라는 의미하다 (형) 인색한, 못된

What do you mean by this word? 이 말은 무슨 뜻입니까?
Hennry is so mean. 헨리는 좀 못됐어.

meaning

['mi:nɪŋ 미:닝] (명) 의미, 뜻

What is the meaning of this sentence?
이 문장의 뜻이 무엇입니까?

measure
measured, measured, measuring, measures

['meʒə(r) 메줘(ㄹ)] 图재다, 측정하다

Did you ever measure the time of it?
시간을 재보신 적이 있습니까?

meat

[miːt 미ː트] 图고기

This meat is tough. 이 고기는 질겨.

beef 소고기
[biːf 비ː프]

pork 돼지고기
[pɔːrk 포ː르크]

chicken 닭고기
['tʃɪkɪn 취킨]

medal medals

['medl 메들] 图메달

She won three Olympic gold medals.
그녀는 올림픽 금메달을 세 개 땄다.

medicine

['medəsən 메더썬] 图약

I take medicine every day. 나는 매일 약을 먹고 있다.

medium

['mi:diəm 미:디엄] 몡 중간

Place skillet over medium high heat. 중불에 냄비를 올려놓으세요.

meet met, met, meeting, meets

[mi:t 미:트] 동 만나다

I met Eva yesterday. 나는 어제 에바를 만났다.
Nice to meet you. 만나서 반갑습니다.

meeting meetings

['mi:tɪŋ 미:팅] 몡 회, 모임

Our club had a meeting yesterday. 우리 클럽은 어제 모임을 가졌다.

melon melons

['melən 멜런] 몡 멜론

Melons are juicy and sweet.
멜론은 즙이 많고 달다.

member members

['membə(r) 멤버(ㄹ)] 몡 회원, 일원, 멤버

She became a member of the club.
그녀는 그 클럽의 회원이 되었다.

memory

['meməri 메머리] 뗑 기억(력)

She has a bad memory. 그녀는 기억력이 나쁘다.

merchant merchants

['mɜːrtʃənt 머ː르천트] 뗑 상인

I read The Merchant of Venice by Shakespeare.
나는 셰익스피어의 '베니스의 상인'을 읽었다.

mess

[mes 메스] 뗑 엉망, 어수선함

The room was in a mess.
방은 엉망이었다.

message messages

['mesɪdʒ 메씨쥐] 뗑 메시지, 전하는 말

I have a massage for you. 너에게 전할 말이 있어.

messy

['mesi 메씨] 뗑 어질러진, 지저분한

The house was always messy.
그 집은 항상 지저분했다.

metal

['metl 메틀] 몡 금속

The frame is made of metal. 그 틀은 금속으로 되어 있다.

meter

['miːtə(r) 미ː터(ㄹ)] 몡 미터

The snow is one meter deep. 눈이 1미터나 쌓였다.

middle

['mɪdl 미들] 몡 중앙, 가운데 혱 중간의

She sat on the middle chair. 그녀는 가운데 의자에 앉았다.

mile

[maɪl 마일] 몡 마일 <길이의 단위, 약 1,609m>

The river is ten miles long. 그 강은 길이가 10마일이다.

milk

[mɪlk 밀크] 몡 우유

Milk is healthy food.
우유는 몸에 좋은 음식이다.

a carton of milk
우유 한 곽

a glass of milk
우유 한 잔

a bottle of milk
우유 한 병

million millions

['mɪljən 밀리언] 뗑 100만

Nine million people live here. 9백만 명의 사람들이 여기에 살고 있다.

mind

[maɪnd 마인드] 뗑 마음, 정신 ↔ **body** 신체 똥 언짢아하다

Tell me what you have in mind. 마음에 두고 있는 것을 말해 보아라.
Never mind. 신경쓰지 마세요.
Keep in mind. 명심해.

mine

[maɪn 마인] 때 나의 것; 나의 소유물 <1인칭 단수의 소유대명사>

This is his screw up, not mine. 이건 내가 아니고 그 애가 망쳐놓은 것이야.

minute minutes

['mɪnɪt 미닛] 뗑 분, 순간

It takes 15 minutes on foot.
걸어서 15분 걸린다.

minute 분
['mɪnɪt 미닛]

second 초
['sekənd 쎄컨드]

hour 시
['aʊə(r) 아워(ㄹ)]

mirror mirrors

['mɪrə(r) 미러(ㄹ)] 뗑 거울

I'm looking for a mirror. 나는 거울을 찾고 있다.

miss missed, missed, missing, misses

[mɪs 미스] 몡 ~양 <호칭> 동 그리워하다, 놓치다

Miss Grace, you are a good tutor.
그레이스 씨, 당신은 훌륭한 선생님이세요.

I miss you. 네가 그리워.
She never misses a soccer game. 그녀는 축구 게임은 놓치지 않고 본다.
He missed the bus. 그는 버스를 놓쳤다.

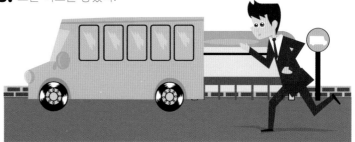

mistake mistakes

[mɪˈsteɪk 미스테익] 몡 실수, 잘못

That is my mistake. 그건 내 실수야.

mitten mittens

[ˈmɪtn 미튼] 몡 벙어리장갑

Cover your hands with mittens instead of gloves.
장갑 대신에 벙어리장갑을 손에 끼워라.

mix mixed, mixed, mixing, mixes

[mɪks 믹스] 동 (둘 이상의 것을) 섞다, 섞이다

Oil and water do not mix. 기름과 물은 섞이지 않는다.

model models

['mɑːdl 마ː들] 몡 모형, 모델

The model is tall and handsome. 그 모델은 키가 크고 잘생겼다.

modern

['mɑːdərn 마ː더ㄹ언] 혱 근대의, 현대적인 ↔ **old** 오래된

He studies the modern history of Korea.
그는 한국 근대사를 공부한다.

mom moms

[mɑːm 마ː암] 몡 엄마 = **mommy** ↔ **dad** 아빠

Mom is a woman of the house.
엄마는 주부이다.

moment

['moʊmənt 모우먼트] 몡 잠시, 잠깐, 순간

Can I speak to you for a moment?
잠시만 얘기를 해도 되겠습니까?

Monday

['mʌndeɪ 먼데이] 몡 월요일

Turn in your homework by Monday.
월요일까지 숙제를 하세요.

money

[ˈmʌni 머니] 몡 돈

I need more money to buy it.
그것을 사기 위해 돈이 더 필요하다.

coin 동전
[kɔɪn 코인]

● 국가별 화폐 단위

(미국) **dollar** 달러 [dɑːlə(r) 다ː알러(ㄹ)]	(유럽) **euro** 유로 [ˈjʊroʊ 유로우]
(영국) **pound** 파운드 [paʊnd 파운드]	(스위스) **franc** 프랑 [fræŋk 프랭크]
(중국) **yuan** 위안 [juˈɑːn 위야ː안]	(인도) **rupee** 루피 [ruːˈpiː 루ː피ː]
(일본) **yen** 엔 [jen 엔]	(태국) **baht** 바트 [bɑːt 바ː트]

monkey monkeys

[ˈmʌŋki 멍키] 몡 원숭이

A monkey has a long tail.
원숭이는 꼬리가 길다.

gorilla 고릴라
[ɡəˈrɪlə 거릴러]

chimpanzee 침팬지
[ˌtʃɪmpænˈziː 침팬지ː]

orangutan 오랑우탄
[əˈræŋəˌtæŋ 어랭어탱]

M

monster monsters

[ˈmɑːnstə(r) 마:안스터(ㄹ)] 명 괴물

That monster was a horror to see. 그 괴물은 보기에 끔찍했다.

month months

[mʌnθ 먼쓰] 명 달, 월

There are twelve months in a year. 1년은 12개월이다.

March 3월
[mɑːrtʃ 마:ㄹ취]

April 4월
[ˈeɪprəl 에이프럴]

May 5월
[meɪ 메이]

September 9월
[sepˈtembə(r) 셉템버(ㄹ)]

October 10월
[ɑːkˈtoʊbə(r) 아:악토우버(ㄹ)]

November 11월
[noʊˈvembə(r) 노우벰버(ㄹ)]

June 6월
[dʒuːn 주:운]

July 7월
[dʒuˈlaɪ 주:울라이]

August 8월
[ˈɔːgəst 오:거스트]

December 12월
[dɪˈsembə(r) 디쎔버(ㄹ)]

January 1월
[ˈdʒænjueri 재뉴에리]

February 2월
[ˈfebrueri 페브루에리]

moon

[muːn 무ː운] 뗑 달

The moon is shining brightly.
달이 밝게 빛나고 있다.

full moon 보름달
[fʊl muːn 풀 무ː운]

half moon 반달
[hæf muːn 해프 무ː운]

crescent 초승달
['kresnt 크레슨트]

more

[mɔː(r) 모ː(ㄹ)] 뗑 (수가) 보다 더 많은 뛩 보다 많이, 더욱 더

She has more candies than he. 그녀가 그보다 캔디를 더 많이 가지고 있다.
Please be more careful. 좀 더 주의하세요.

morning

['mɔːrnɪŋ 모ː르닝] 뗑 아침

I get up early every morning.
나는 매일 아침 일찍 일어난다.

Good morning. 안녕하세요. <아침 인사>

mosquito mosquitos

[məˈskiːtoʊ 머스키ː토우] 뗑 모기

I was bitten by a mosquito so now I'm itchy.
모기에 물려 지금 가렵다.

most

[moʊst 모우스트] 혱 ❶ 대부분의 ❷ <보통 the most로> 가장 많은

Most shops are closed today. 대부분의 가게가 오늘 문을 닫았다.

I have many books. 나는 많은 책을 가지고 있어요.
He has more books. 그는 더 많은 책을 가지고 있어요.
She has the most books. 그녀는 가장 많은 책을 가지고 있어요.

moth moths

[mɔːθ 모:쓰] 몡 나방

Female silk moths lay yellow colored eggs.
누에나방 암컷은 노란색 알을 낳는다.

mother mothers

[ˈmʌðə(r) 머더(ㄹ)] 몡 어머니 ↔ **father** 아버지

My mother likes flowers. 나의 엄마는 꽃을 좋아한다.

motorcycle motorcycles

[ˈmoʊtərsaɪkl 모우터ㄹ싸이클] 몡 오토바이

The motorcycle is in the right lane. 오토바이가 오른쪽 차선에 있다.

mountain mountains

['maʊntn 마운튼] 명 산

She got lost in the mountains. 그녀는 산에서 길을 잃었다.

mouse mice

[maʊs 마우스] 명 생쥐, 마우스(컴퓨터)

There is a mouse in the room.
방에 쥐가 있다.

mouse 마우스
[maʊs 마우스]

rat 쥐
[ræt 랫]

mice 쥐들
[mais 마이스]

● rat과 mouse

rat은 mouse보다 몸집이 크고 꼬리가 긴 쥐예요. 비열한 이미지가 있어요. 반면 mouse는 실험실에서 볼 수 있는 작고 귀여운 쥐 종류예요.

mouth mouths

[maʊθ 마우쓰] 명 입

Watch your mouth!
말조심 해!

tooth 이
[tu:θ 투:쓰]

tongue 혀
[tʌŋ 텅]

lips 입술
[lɪps 립스]

move moved, moved, moving, moves

[muːv 무:브] 동 움직이다

Don't move. 움직이지 마.

movie movies

[ˈmuːvi 무:비] 명 영화

They are movie stars.
그들은 영화배우이다.

Mr.

[ˈmɪstə(r) 미스터(ㄹ)] 명 ~씨, 님

May I speak to Mr. Kim?
김 선생님과 통화할 수 있을까요?

Mrs.

[ˈmɪsɪz 미씨즈] 똉 ~씨, 부인

Mr. and Mrs. Kim have two sons. 김 선생님 부부는 아들이 둘 있다.

Ms.

[mɪz 미즈] 똉 ~씨(미혼, 기혼의 구별이 없는 여성의 존칭)

Ms. Smith, are you listening to me? 스미스 씨, 내 말 듣고 있어요?

much

[mʌtʃ 머취] 휑 많은 ↔ **little** 적은 (▶연관 lot, many, more, most)

Try not to talk too much. 말을 너무 많이 하지 마.

● much, many, a lot of, lots of

모두 '많은'이란 뜻이지만 차이가 있어요.
much 다음에는 셀 수 없는 명사(양)가 와요. much time, much money, much water
many 다음에는 셀 수 있는 명사(수)가 와요. many friends, many pencils, many children
a lot of, lots of는 모두 사용할 수 있어요. a lot of coffee, lots of friends.

mud

[mʌd 머드] 똉 진흙

The car wheels got stuck in the mud. 차바퀴가 진창에 빠져 버렸다.

museum museums

[mjuˈziːəm 뮤지ː엄] 똉 박물관; 미술관

We visit the national museum. 우리는 국립 박물관을 방문했다.

music

['mjuːzɪk 뮤ː직] 명 음악

The music sounds sweet. 음악이 아름답다.

classical music 클래식 음악
['klæsɪkl 'mjuːzɪk 클래씨클 뮤ː직]

rock music 록 음악
[rɑːk 'mjuːzɪk 라ː악 뮤ː직]

jazz 재즈
[dʒæz 재즈]

musical 뮤지컬
['mjuːzɪkl 뮤ː지클]

musical instrument 악기
['mjuːzɪkl 'ɪnstrəmənt 뮤ː지클 인스트러먼트]

xylophone 실로폰
['zaɪləfoʊn 자일러포운]

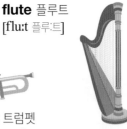

flute 플루트
[fluːt 플루ː트]

violin 바이올린
[ˌvaɪə'lɪn 바이얼린]

trumpet 트럼펫
['trʌmpɪt 트럼핏]

harp 하프
[hɑːrp 하ː르프]

guitar 기타
[gɪ'tɑː(r) 기타ː(ㄹ)]

piano 피아노
[pi'ænoʊ 피애노우]

tambourine 탬버린
[ˌtæmbə'riːn 탬버리ː인]

triangle 트라이앵글
['traɪæŋgl 트라이앵글]

drum 드럼
[drʌm 드럼]

organ 오르간
['ɔːrgən 오ː르건]

musician musicians

[mjuˈzɪʃən 뮤:지션] 몡 음악가

He is a famous musician. 그는 유명한 음악가이다.

must

[mʌst 머스트] 조 ~하지 않으면 안 된다, ~임에 틀림없다 = **have to** ~해야 한다

The story must be true. 그 이야기는 사실임에 틀림없어.
I must do it now. 나 지금 그거 해야만 해.

Must you do it now? 그걸 꼭 지금 해야만 해?
- No, I didn't have to. 아니, 꼭 해야하는 건 아냐.

● **must와 have to**

must는 대단히 강한 의무인 '죽어도 ~해야만 한다', have to는 그보다는 조금 약한 '반드시 ~해야 한다'는 뜻이에요. 그래서 must는 경고문이나 법으로 정해진 규칙을 말할 때 많이 쓰고 일상생활에서는 have to를 더 많이 써요.
<충고의 정도> have to < must
You must go now. 넌 지금 반드시 가야만 해. (만일 지금 가지 않으면 무슨 일이 생길지 몰라.)
You have to go now. 너는 지금 반드시 가야 해. (후회 안 할려면 지금 가야지.)

my

[maɪ 마이] 때 나의(I의 소유격)

My computer is not booting up! 컴퓨터가 안 켜져!

mystery

[ˈmɪstri 미스트리] 몡 신비, 불가사의

The mystery has no clue to it. 그 비밀에는 단서가 없다.

Nn

nail nails

[neɪl 네일] 몡 (사람의) 손톱, 발톱

Cut your nails!
손톱 깎아라!

nail clippers 손톱깎이
[neɪl ˈklɪpə(r)z 네일 클리퍼(러)즈]

manicure 손톱 손질; 매니큐어
[ˈmænɪkjʊr 매너큐어리]

name

[neɪm 네임] 몡 이름

He didn't even know my name. 그는 내 이름조차 몰랐어.

What's your name? 너 이름이 뭐야?
- **My name is Kim Min-ho.** 내 이름은 김민호야.
- **My first name is Min-ho.** 이름은 민호야.
- **My family name is Kim.** 내 성은 김이야.

narrow

[ˈnærəʊ 내로우] 혱 (폭이) 좁은 ↔ wide 넓은

The belt was narrow and long.

그 벨트는 좁고 길었다.

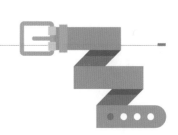

national

['næʃənəl 내셔널] 형 국민의, 국가의, 국립의

That is a national hospital. 저것은 국립병원입니다.

native

['neɪtɪv 네이티브] 형 타고난, 선천적인

The student has a native talent in mathematics.
그 학생은 수학에 타고난 재능이 있다.

natural

['nætʃərəl 내춰럴] 형 자연의, 천연의

People like to eat natural food.
사람들은 자연 식품 먹기를 좋아한다.

nature

['neɪtʃə(r) 네이춰(ㄹ)] 명 자연

We have to keep our nature.
우리는 우리의 자연을 지켜야 한다.

near

[nɪə(r) 니어(ㄹ)] 형 가까운 ↔ far 먼

His house is very near.
그의 집은 아주 가깝다.

nearly

[ˈnɪə(r)li 니어(ㄹ)리] (부) 거의, 약

It is nearly six o'clock now. 이제 거의 여섯 시가 다 되었다.

necessary

[ˈnesəseri 네써쎄리] (형) 필요한

Food is necessary for life. 음식은 살아가는 데 꼭 필요하다.

neck <small>necks</small>

[nek 넥] (명) 목

A giraffe has a long neck. 기린의 목은 길다.

necklace <small>necklaces</small>

[ˈnekləs 넥클러스] (명) 목걸이

She wore a diamond necklace. 그녀 다이아몬드 목걸이를 했다.

need <small>needs / needed, needed, needing, needs</small>

[niːd 니드] (명) 필요 (동) 필요하다

I need a rest. 나는 휴식이 필요하다.

neighbor <small>neighbors</small>

[néibər 네이버ㄹ] (명) 이웃, 이웃사람

He is my neighbor. 그는 나의 이웃이다.

nervous

['nɜːrvəs 너ː러버스] 휑 신경의; 신경질의, 안절부절못한 ↔ **relaxed** 편안한

I am always nervous before giving a speech.
나는 연설 전에는 항상 초조하다.

nest <small>nests</small>

[nest 네스트] 몡 보금자리, 둥지

There is a bird nest in the tree.
나무 위에 새둥지가 있다.

net <small>nets</small>

[net 네트] 몡 그물, 네트

Two team face each other across the net.
두 팀이 네트를 가로질러 마주보고 있다.

never

['nevə(r) 네버(ㄹ)] 흿 결코 ~않다

Never do that again. 다시는 그러지 마.

new

[nu: 뉴ː] 휑 새로운 ↔ **old** 오래된

Tell me something new.
내게 새로운 얘기를 해 봐.

news

[nuːz 뉴ː즈] 몡 뉴스, 소식

That's great news. 그거 정말 반가운 소식인데.

newscaster newscasters

[ˈnuːzkæstər 뉴ː즈캐스터ㄹ] 몡 뉴스 진행자

The newscaster reviewed the happenings of the day.
저녁 뉴스 진행자는 하루 동안의 사건들을 다시 보여 주었다.

newspaper newspapers

[ˈnuːzpeɪpə(r) 뉴ː즈페이퍼(ㄹ)] 몡 신문, 신문지

Father is reading the newspaper. 아버지는 신문을 읽고 계신다.

next

[nekst 넥스트] 혱 다음의 ↔ **last** 지난

The next singer came on.
다음 가수가 등장했다.

nice

[naɪs 나이스] 혱 좋은, 괜찮은

Have a nice day!
좋은 하루 되세요!

Have a Nice day!

night

[naɪt 나이트] 명밤

She bathes every night.
그녀는 매일 밤 목욕한다.

nine

[naɪn 나인] 명9, 아홉

The first class begins at nine.
첫 수업은 9시에 시작한다.

nineteen 19
[ˌnaɪnˈtiːn 나인티ː인]

ninety 90
[ˈnaɪnti 나인티]

ninth 9번째
[naɪnθ 나인쓰]

no

[noʊ 노우] 부아니, 아니오

No, thanks. 아뇨, 괜찮습니다.

nobody

[ˈnoʊbədi 노우버디] 대아무도 ~않다

Nobody knows him. 아무도 그를 알지 못한다.
I found nobody in the room. 방에는 아무도 없었다.

noise

[nɔɪz 노이즈] 몡 소음

A noise alarmed the deer. 소음이 사슴을 놀라게 했다.

noisy

['nɔɪzi 노이지] 혱 시끄러운, 떠들썩한 ↔ **quiet** 조용한

Don't be noisy. 시끄럽게 하지 마.

none

[nʌn 넌] 떼 아무도 ~아니다, 조금도 ~아니다

I knew none of them. 나는 그들 가운데 아무도 모른다.
There were none in the box.
상자에는 아무것도 없었다.

● 부정대명사

부정대명사는 명사를 대신하는 대명사로 '정해지지 않은 대명사'라는 뜻이에요. 긍정, 부정할 때의 부정이 아니랍니다.
one 일반적인 사람, **another** 하나 더, **other** 다른 나머지, **each** 각각 등이 있어요.

noon

[nuːn 누:운] 몡 정오; 12시

We have lunch at noon. 우리는 정오에 점심을 먹는다.

north

[nɔːrθ 노:ㄹ쓰] 몡 북쪽 혱 북쪽의 ↔ **south** 남쪽

Seoul is north of Busan. 서울은 부산의 북쪽에 있다.

nose

[noʊz 노우즈] 명 코

Don't pick your nose! 코를 후비지 마라!

not

[nɑːt 나ː앗] 통 ~아니다, ~않다

I'm not hot. (am not)
나는 덥지 않다.

I didn't eat lunch. (did not)
나는 점심을 먹지 않았다.

We won't go there. (will not)
우리는 거기에 가지 않을 것이다.

You aren't happy. (are not)
너는 행복하지 않다.

You weren't tired. (were not)
너희들은 피곤하지 않다.

She can't swim. (can not)
그녀는 수영을 할 수 없다.

She wasn't at home. (was not)
그녀는 집에 없다.

He isn't hungry. (is not)
그는 배고프지 않다.

He doesn't like it. (does not)
그녀는 그것을 좋아하지 않는다.

They don't sleep. (do not)
그들은 잠자지 않는다.

note notes

[noʊt 노우트] 몡 공책, 메모, 쪽지

I left the note. 나는 메모를 남겼다.

nothing

[ˈnʌθɪŋ 너씽] 떼 아무 것도, 하나도

I have nothing. 나는 아무것도 가지고 있지 않다.

notice noticed, noticed, noticing, notices

[ˈnoʊtɪs 노우티스] 동 알아차리다, 눈치 채다, 주의하다

I noticed a man sitting by me. 나는 내 옆에 앉아 있는 사람을 알아차렸다.

November

[noʊˈvembə(r) 노우벰버(ㄹ)] 몡 11월

It is the third of November today. 오늘은 11월 3일입니다.

now

[naʊ 나우] 뷔 지금, 현재

What are you doing now? 지금 뭐 해.

nuclear

[ˈnuːkliə(r) 뉴:클리어(ㄹ)] 혱 핵의; 원자핵의

They started nuclear bomb tests. 그들은 핵실험을 개시했다.

number numbers

[ˈnʌmbə(r) 넘버(ㄹ)] 몡 숫자, 번호

Seven is my favorite number. 7은 내가 좋아하는 숫자이다.

zero 0	eleven 11	forty 40
one 1	twelve 12	fifty 50
two 2	thirteen 13	sixty 60
three 3	fourteen 14	seventy 70
four 4	fifteen 15	eighty 80
five 5	sixteen 16	ninety 90
six 6	seventeen 16	hundred 100
seven 7	eighteen 18	thousand 1천
eight 8	nineteen 19	ten thousand 1만
nine 9	twenty 20	million 100만
ten 10	thirty 30	billion 10억

first 1번째	eleventh 11번째	twenty-first 21번째
second 2번째	twelfth 12번째	twenty-second 22번째
third 3번째	thirteenth 13번째	twenty-third 23번째
fourth 4번째	fourteenth 14번째	twenty-fourth 24번째
fifth 5번째	fifteenth 15번쩨	twenty-fifth 25빈째
sixth 6번째	sixteenth 16번째	twenty-sixth 26번째
seventh 7번째	seventeenth 17번째	twenty-seventh 27번째
eightth 8번째	eighteenth 18번째	twenty-eighth 28번째
ninth 9번째	nineteenth 19번째	twenty-ninth 29번째
tenth 10번째	twentieth 20번째	thirtieth 30번째

nurse nurses

[nɜːrs 너:ㄹ스] 몡 간호사

My sister is a nurse. 누나는 간호사예요.

nut nuts

[nʌt 넛] 몡 견과(호두·밤 따위)

The nut is very hard to crack.
호두는 잘 깨지지 않는다.

almond 아몬드
[ˈɑːmənd 아:먼드]

walnut 호두
[ˈwɔːlnʌt 워:얼넛]

pistachio 피스타치오
[pɪˈstæʃioʊ 피스태쉬오우]

pecan 피칸
[pɪˈkɑːn 피카:안]

peanut 땅콩
[ˈpiːnʌt 피:넛]

hazelnut 헤이즐넛
[ˈheɪzlnʌt 헤이즐넛]

Oo

ocean _{oceans}

[ˈoʊʃən 오우션] 몡 대양; 바다

We sailed the Indian Ocean. 우리들은 인도양을 항해하였다.

o'clock

[əˈklɑ:k 어클라:악] 몡 ~시

What time is it now? 지금 몇 시죠?
- **It's three o'clock.** 3시입니다.
- **It's half past ten.** 10시 반입니다.
- **It's a quarter past six.** 6시 15분입니다.
- **It's ten to eight.** 8시 10분 전입니다.

October

[ɑkˈtoʊbə(r) 악토우버(ㄹ)] 몡 10월

Hunguel Day is celebrated every October 9th.
매년 10월 9일은 한글날로 경축하고 있다.

of

[ʌv 어브] (전) ~의

What's the title of the song? 그 노래의 제목이 뭐니?

off

[ɔːf 오:프] (부) 떨어져서, 떼어져 ↔ **on** ~에 접하여

Take off the coat. 코트를 벗어.
Turn off the light. 불을 꺼라.

office offices

[ˈɔːfɪs 오:퓌스] (명) 사무실

Bill went to the teacher's office. 빌은 교무실에 갔어.

officer officers

[ˈɔːfɪsə(r) 오:퓌써(ㄹ)] (명) 장교, 사관, 관리

He used to be the safety officer at this park.
그는 이전에 이 공원의 안전 요원이었다.

official

[əˈfɪʃəl 어퓌셜] (형) 공무상의, 공적인; 공식의

The President is in Greece for an official two-day visit.
대통령은 지금 이틀간의 공식적 방문차 그리스에 있다.

often

[ˈɔːfn 오ː픈] ㈜ 자주, 흔히

Often I miss breakfast. 나는 자주 아침을 거른다.

oh

[oʊ 오우] ㉮ 오!

Oh, sorry. 오, 미안.

oil

[ɔɪl 오일] ㈐ 기름, 석유

What kind of oil did you fry this in? 이거 어떤 기름에 튀기셨어요?

okay

[oʊˈkeɪ 오우케이] ㉮ 좋아! = O.K.

You have a great time, okay?
즐겁게 놀아라, 알았지?

old

[oʊld 오울드] ㈑ 낡은, 늙은 ↔ **new** 새로운, **young** 젊은

His uniform is old. 그의 유니폼은 낡았다.

How old is your brother? 네 동생은 몇 살이니?
- He is nine years old. 아홉 살이야.

on

[ɔːn 오:온] 웹 ~위에, ~에 접하여 ↔ **off** ~에 떨어져

They are on the table. 그것들은 탁자 위에 있다.

once

[wʌns 원스] 閂 이전에, 한 번

She was an actress once. 그녀는 한때 배우였다.

one

[wʌn 원] 웹 한 사람의, 하나의, 한 개의 떼 어떤 것, 어떤 사람

How much is this for one? 이건 하나에 얼마죠?

Which food do you want? 어느 음식이 좋아?
- I want this one. 이걸로 할래.

oneself

[wʌnˈself 원셀프] 떼 ❶ <강조용법> 자신이, 스스로 ❷ <재귀용법> 자기 자신을(에게)

To do right oneself is the great thing.
스스로 올바로 처신하는 게 중요하다.

One is apt to forget oneself.
사람은 흔히 제 분수를 잊기 쉽다.

onion onions

[ˈʌnjən 어니언] 몡 양파

Hold the onion from the soup. 수프에서 양파 빼주세요.

only

[ˈoʊnli 오운리] 혱 유일한 뿐 겨우, 단지

You are my only friend. 너는 나의 유일한 친구이다.

open opened, opened, opening, opens

[ˈoʊpən 오우펀] 혱 열린 동 열다

Open your mouth. 입을 벌리세요.
Open the box. 상자를 열어요.
Open your books to page 30. 30페이지를 펴세요.

opera

[ˈɑːprə 아:프러] 몡 오페라

We have an amateur opera club in our school.
우리 학교에 아마추어 오페라단이 있다.

or

[ɔː(r) 오:(ㄹ)] 쩝 또는, 혹은

Cash or credit card?
현금입니까, 신용카드입니까?

orange oranges

['ɔːrɪndʒ 오:린쥐] 몡 오렌지

Oranges are juicy. 오렌지는 즙이 많다.

order ordered, ordered, ordering, orders

['ɔːrdə(r) 오:ㄹ더(ㄹ)] 몡 순서, 주문, 명령 동 주문하다, 명령하다

I ordered two cups of coffee. 나는 커피 두 잔을 주문했다.
The names are listed in alphabetical order.
이름들은 알파벳순으로 나열되어 있다.

ostrich ostriches

['ɑːstrɪtʃ; 'ɔːstrɪtʃ 아:스트리취; 오:스트리취] 몡 타조

The largest bird in the world is the ostrich.
세상에서 가장 큰 새는 타조이다.

other

['ʌðə(r) 어더(ㄹ)] 혱 그 밖의, 다른

Do you have any other questions?
다른 질문은 없으세요?

Show me your other hand.
다른 손을 보여줘.

286

our

['auə(r) 아워(ㄹ)] 때 우리의, 우리들의 <we의 소유격>

Jessie is a student in our school. 제시는 우리학교 학생이다.

ours

['auərz 아워ㄹ즈] 때 우리의 것 <we의 소유대명사>

Sam is a friend of ours. 샘은 우리의 친구이다.

out

[aut 아웃] 🟢 밖으로 ↔ **in** 안으로

A dog ran out of the building.
강아지가 건물 밖으로 뛰쳐나왔다.

outdoors

[ˌautˈdɔːrz 아웃도:ㄹ즈] 🟢 문 밖에서, 야외에서

Our family like the outdoors. 우리 가족은 야외에서 하는 것을 좋아한다.

outside

[autˈsaid 아웃싸이드] 🟢 바깥에 ↔ **inside** 안쪽에

It's cold outside. 밖은 추워.
A chick appeared outside the egg.
병아리가 알 바깥에 나타났다(알에서 깨어났다).

oven ovens

['ʌvn 어븐] 몡 오븐

Take the cake out of the oven. 케이크를 오븐에서 꺼내라.

over

['oʊvə(r) 오우버(ㄹ)] 몐 몡 위에 ↔ **under** 아래에

The balloon is directly over. 기구가 바로 머리 위에 있다.

● **above**와 **over**의 차이

over는 수직 상승 바로 위, **above**는 바로 위가 아니어도 고도만 높으면 된다.
under는 바로 아래, **below**는 바로 아래가 아니어도 아래이기만 하면 된다.

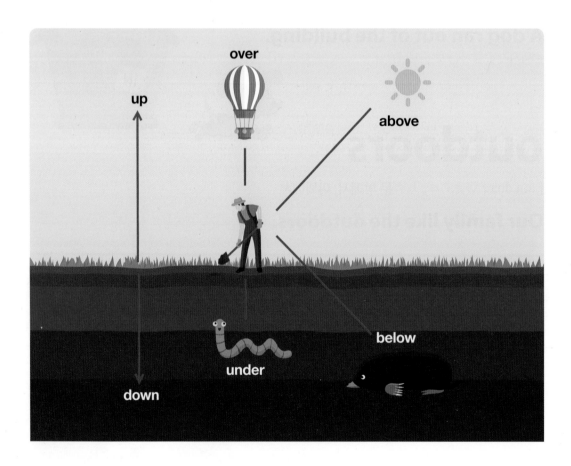

owl owls

[aʊl 아울] 몡 올빼미

An owl hooted nearby.
어디 가까이에서 부엉이가 부엉부엉 울었다.

own

[oʊn 오운] 혱 (소유격 강조) ~자신의

I've never really been on my own.
난 한번도 혼자 있어 본 적이 없어.

ox oxen

[ɑːks 아:악스] 몡 소, 황소

He is as strong as an ox.
그는 소처럼 아주 힘이 세다.

Pp

page pages

[peɪdʒ 페이쥐] 몡페이지, 쪽

We were on page 12.
12쪽입니다.

pain

[peɪn 페인] 몡아픔, 고통

I feel a pain in my hand.
손이 아프다.

paint painted, painted, painting, paints

[peɪnt 페인트] 몡물감, 페인트 동칠하다

This paint comes off easily.
이 페인트는 쉽게 벗겨진다.

painter painters

[ˈpeɪntə(r) 페인터(ㄹ)] 몡화가; 그림을 그리는 사람

He is a painter and decorator.
그는 화가이자 장식가이다.

painting

[ˈpeɪntɪŋ 페인팅] 몡 (그림물감으로 그린) 그림

There's a painting on the wall.
벽에 그림이 하나 걸려 있다.

pair <small>pairs</small>

[peə(r) 페어(ㄹ)] 몡 짝, 한 쌍

Where is the pair to this earring?
이 귀고리의 한 짝은 어디 있지?

pan <small>pans</small>

[pæn 팬] 몡 납작한 냄비, 팬

Wipe the pan clean with a paper towel.
종이타월로 냄비를 닦아라.

panda <small>pandas</small>

[ˈpændə 팬더] 몡 판다(털이 흰색과 검은색인 중국산 희귀 곰)

The last Blu-ray I bought was Kung Fu Panda.
내가 마지막으로 산 블루레이는 쿵푸 판다였다.

pants

[pænts 팬츠] 몡 바지

Henry is putting on his pants.
헨리는 바지를 입고 있다.

paper

[ˈpeɪpə(r) 페이퍼(ㄹ)] 명 종이

Paper tears easily.
종이는 쉽게 찢어진다.

pardon pardoned, pardoned, pardoning, pardons

[ˈpɑːrdn 파:ㄹ든] 명 용서 동 용서하다

I will not pardon you.
나는 너를 용서하지 않을 거야.

parents

[perənts 페런츠] 명 부모님, 학부모

My parents live in Seoul.
부모님께서는 서울에 사신다.

park parks

[pɑːrk 파:ㄹ크] 명 공원

Keep the park clean.
공원을 깨끗이 합시다.

parrot parrots

[ˈpærət 패럿] 명 앵무새

There is a parrot in the bird cage.
새장 속에 앵무새가 있다.

part

[pɑːrt 파ː르트] 몡 부분 ↔ **whole** 전체

Mary cut the cake into four parts.
메리는 케이크를 네 부분으로 잘랐다.

party parties

['pɑːrti 파ː르티] 몡 파티

Welcome to our party!
우리 파티에 잘 오셨습니다.

pass passed, passed, passing, passes

[pæs 패스] 동 지나가다, 통과하다

Please pass on.
지나가십시오.

passenger passengers

['pæsɪndʒə(r) 패씬줘(ㄹ)] 몡 승객, 여객

A passenger is getting out of the taxi.
한 승객이 택시에서 내리고 있다.

passport passports

['pæspɔːrt 패스포ː르트] 몡 여권; 패스포트

I lost my passport.
여권을 잃어버렸습니다.

P

past

[pæst 패스트] 혱 지나간, 과거의

They have been in Seoul for the past five years.
그들은 지난 5년간 서울에 있었다.

pat patted, patted, patting, pats

[pæt 팻] 동 가볍게 두드리다, 쓰다듬다

I patted the kitten.
나는 새끼고양이를 쓰다듬었다.

pat, pat

patient

['peɪʃənt 페이션트] 혱 참을성 있는, 인내심 있는

Be patient with others.
타인에게 참을성 있게 대해라.

pavement

['peɪvmənt 페이브먼트] 명 포장도로, 인도

He is hosing down the pavement.
그는 포장도로에 물을 뿌리고 있다.

paw paws

[pɔː 포:] 명 (발톱 있는 동물의) 발

The nails in a cat's paw are sharp.
고양이 발톱은 날카롭다.

pay paid, paid, paying, pays

[peɪ 페이] 동 지불하다, 지급하다

Can I pay later?
나중에 지불해도 될까요?

pea peas

[pi: 피:] 명 완두(콩)

I don't like pea soup.
나는 완두콩 수프를 싫어한다.

peace

[pi:s 피:스] 명 평화 ↔ **war** 전쟁

They work for the world peace.
그들은 세계 평화를 위해 일한다.

peach peaches

[pi:tʃ 피:취] 명 복숭아

The peach will spoil unless it is eaten soon.
그 복숭아는 빨리 먹지 않으면 상할 거예요.

pear pears

[peə(r) 페어(ㄹ)] 명 배 <과일>

These pears are very sweet.
이 배들은 정말 달다.

pen pens

[pen 펜] 몡펜, 만년필

May I use your pen?
펜을 써도 되겠니?

pen pal pen pals

['pɛn pal 펜 팔] 몡펜팔, 편지를 통하여 사귀는 친구

I have a pen pal.
나는 펜팔 친구가 있다.

pencil pencils

['pensl 펜슬] 몡연필

I like to draw with a pencil.
나는 연필로 그림 그리는 걸 좋아해요.

penguin penguins

['peŋgwɪn 펭귄] 몡펭귄

What are the penguins looking at?
펭귄들이 무엇을 보고 있나요?

people

['piːpl 피:플] 몡사람들

People drink water everyday.
사람들은 매일 물을 마신다.

perfect

['pɜ:fɛkt 퍼:펙트] (형)완전한, 완벽한, 나무랄 데 없는

His English paper was perfect.
그의 영어 답안은 나무랄 데가 없었다.

perfume perfumes

[pər'fju:m 퍼:ㄹ퓨:움] (명)향수

What kind of perfume do you wear?
어떤 향수를 쓰세요?

perhaps

[pər'hæps 퍼ㄹ햅스] (부)아마, 어쩌면

Perhaps he will join us.
아마 그는 우리들과 함께 어울릴 것이다.

period

['pɪriəd 피리어드] (명)기간, 시기

He stayed there for a short period.
그는 잠시 동안 그곳에 머물렀다.

person people

['pɜ:rsn 퍼:ㄹ쓴] (명)사람, 인간

He is a bad person.
그는 나쁜 사람이다.

pet pets

[pet 펫] 몡 귀여워하는 동물, 애완동물

I want to raise a pet dog.
나는 애완견을 기르고 싶다.

phone phones

[foʊn 포운] 몡 전화, 전화기 = **telephone**

I must go and make a phone call.
나는 가서 전화를 걸어야 해.

photograph photographs

[ˈfoʊtəɡræf 포우터그래프] 몡 사진

Thanks for sending me your photograph.
네 사진 보내 줘서 고마워.

piano pianos

[piˈænoʊ 피애노우] 몡 피아노

I can play the piano.
나는 피아노를 칠 수 있어요.

pick picked, picked, picking, picks

[pɪk 픽] 동 따다, 뽑다, 찍다

Grapes pick easily.
포도는 따기 쉽다.

picnic picnics

['pɪknɪk 피크닉] 몡 소풍

This is the best place for a picnic.
이곳이 피크닉 장소로 가장 좋아요.

picture pictures

['pɪktʃə(r) 픽춰(ㄹ)] 몡 그림, 사진

Jenny likes to draw a picture.
제니는 그림 그리는 것을 좋아한다.

pie pies

[paɪ 파이] 몡 파이

We had apple pie with ice cream for dessert.
우리는 디저트로 애플파이와 아이스크림을 먹었다.

piece pieces

[piːs 피ː스] 몡 조각

Bill is eating a piece of pie.
빌이 파이 한 조각을 먹고 있다.

pig pigs

[pɪg 피그] 몡 돼지

a piece of apple pie
애플파이 한 조각

a piece of choco cake
초코케이크 한 조각

This pig is very fat.
이 돼지는 매우 살이 쪘다.

pigeon pigeons

['pɪdʒɪn 피쥔] 몡비둘기

Are all those birds up on the buildings pigeons?
건물에 앉아있는 저 새들은 비둘기입니까?

pillow pillows

['pɪloʊ 필로우] 몡베개

The pillow is on the bed.
베개가 침대 위에 있다.

pilot pilots

['paɪlət 파일럿] 몡조종사

I want to become a pilot.
나는 조종사가 되고 싶다.

pin pins

[pɪn 핀] 몡핀

The pin scratched my arm.
나는 핀에 팔이 긁혔다.

pine pines

[paɪn 파인] 몡소나무

Pines are green.
소나무는 푸르다.

pink

[pɪŋk 핑크] 몡 분홍색 혱 분홍색의

He wore a pink shirt.
그는 분홍색 셔츠를 입었다.

pipe pipes

[paɪp 파이프] 몡 파이프, 관

That pipe leaks gas.
저 관은 가스가 샌다.

pitcher pitchers

[ˈpɪtʃə(r) 피춰(ㄹ)] 몡 ❶ (귀 모양의 손잡이와 주둥이가 있는) 물주전자 ❷ 투수

Jason, pass me that big pitcher of ice water.
제이슨, 얼음물 주전자 좀 줄래?

pity

[ˈpɪti 피티] 몡 불쌍히 여김, 동정

My brother and I feel pity for the fish.
나와 남동생은 물고기들이 불쌍해요.

pizza pizzas

[ˈpiːtsə 피:쩌] 몡 피자

I love pizza. I'm dying for it!
난 피자를 엄청 좋아해!

P

ham 햄
[hæm 햄]

shrimp 새우
[ʃrɪmp 쉬림]

mushroom 버섯
['mʌʃrʊm 머쉬룸]

bacon 베이컨
['beɪkən 베이컨]

tomato 토마토
[tə'meɪtoʊ 터메이토우]

green pepper 피망
[griːn 'pepə(r) 그리:인 페퍼(ㄹ)]

place

[pleɪs 플레이스] 몡장소

She lives in a pretty place.
그녀는 아름다운 곳에 산다.

plan plans

[plæn 플랜] 몡계획

The plan is out.
그 계획은 실행 불가능하다.

plane planes

[pleɪn 플레인] 몡비행기

The plane landed safely.
비행기는 안전하게 착륙했다.

planet planets

['plænɪt 플래닛] 명 행성, 유성, 혹성

We observed the planet through a telescope.
우리는 망원경을 통해 그 행성을 관찰했다.

plant plants

[plænt 플랜트] 명 식물

Henry's plant is dying.
헨리의 식물이 시들고 있다.

plastic

['plæstɪk 플래스틱] 형 플라스틱으로 만든 명 플라스틱

Plastic can be produced from oil.
플라스틱은 석유로 만들 수 있다.

plate plates

[pleɪt 플레이트] 명 접시

He looked at the food on his plate.
그는 그의 접시에 있는 음식을 보았다.

play played, played, playing, plays

[pleɪ 플레이] 명 놀이 동 놀다

Play outside the house.
집 밖에서 놀아라.

player players

['pleɪə(r) 플레이어(ㄹ)] 몡 선수, 연주자

She is a skillful player on the violin.
그녀는 훌륭한 바이올린 연주자이다.

playground playgrounds

['pleɪgraʊnd 플레이그라운드] 몡 놀이터; (학교의) 운동장

There are many students on the playground.
운동장에 많은 학생들이 있다.

pleasant

['pleznt 플레즌트] 혱 즐거운, 기분 좋은, 유쾌한 = comfortable

We had a pleasant time.
우리는 즐겁게 시간을 보냈다.

please pleased, pleased, pleasing, pleases

[pliːz 플리ː즈] 튄 부디, 제발 됭 기쁘게 하다

Please forgive me.
제발 나를 용서하세요.

plenty plenties

['plenti 플렌티] 몡 풍부함, 넉넉함

I have had plenty.
많이 먹었습니다[이제 충분합니다].

pocket pockets

['pɑːkɪt 파ː킷] 몡 주머니

The coin is in his pocket.
동전이 그의 주머니에 있다.

poem poems

['poʊəm 포우엄] 몡 (한 편의) 시

Emily Bronte wrote many famous poems.
에밀리 브론테는 유명한 시를 많이 썼다.

point pointed, pointed, pointing, points

[pɔɪnt 포인트] 몡 점, 요점 동 가리키다

I agree with him on that point.
나는 그 점에서 그 사람 의견에 동의해요.

police

[pəˈliːs 펄리ː스] 몡 경찰

Jenny is a police officer.
제니는 경찰관이에요.

police officer

[pəˈliːs ɔːfɪsə(r) 펄리ː스 오ː퓌써(ㄹ)] 몡 경찰관

The police officer ran after the thief.
순경은 도둑의 뒤를 쫓았다.

police station

[pəˈliːs ˈsteɪʃən 펄리:스 스테이션] 몡 경찰서

Would you tell me where the police station is?
경찰서가 어디 있는지 알려 주시겠습니까?

pollute polluted, polluted, polluting, pollutes

[pəˈluːt 펄루:트] 통 더럽히다, 오염시키다

He polluted the heart!
그는 심장을 더럽힌 거야!

pond ponds

[pɑːnd 파:안드] 몡 연못

They have a pond in the garden.
그들은 연못에 정원을 갖고 있다.

pool pools

[puːl 푸:울] 몡 풀장, 웅덩이

The pool is crowded.
수영장이 붐빈다.

poor

[pʊə(r) 푸어(ㄹ)] 형 가난한

He was born poor.
그는 가난한 집에서 태어났다.

pop popped, popped, popping, pops

[pɑːp 파ː압] ⑱대중적인 ⑧뻥하고 터지다[튀다]

The balloon popped.
풍선이 팡 터졌다.

What's your favorite pop song?
좋아하는 팝송이 무엇입니까?

popcorn popcorns

[ˈpɑːpkɔːrn 파ː압코ː르온] ⑲팝콘, 튀긴 옥수수

I always bring popcorn to the movies.
난 영화 보는 중에 팝콘을 즐겨 먹어.

popular

[ˈpɑːpjələ(r) 파ː압펄러(ㄹ)] ⑱인기 있는, 대중적인

Tom is popular with children.
탐은 아이들에게 인기가 있다.

cruise ship 유람선
[kruːz ʃɪp 크루ː즈 쉽]

port ports

[pɔːrt 포ː르트] ⑲항구

New York is still the second largest port in the USA.
뉴욕은 여전히 미국에서 두 번째로 큰 항구이다.

possible

[ˈpɑːsəbl 파:써블] 형 가능한 ↔ impossible 불가능한

It is possible to reach the top of the mountain.
그 산꼭대기에 도달하는 것은 가능하다.

post posts

[poʊst 포우스트] 명 우편, 기둥

I live opposite the post office.
나는 우체국 맞은편에 살고 있다.

post office

[poʊst ˈɔːfɪs 포우스트 오:퓌스] 명 우체국 <P.O. 또는 p.o.로 줄여 쓴다>

Do you know where the post office is?
우체국이 어디에 있는지 아십니까?

poster posters

[ˈpoʊstə(r) 포우스터(ㄹ)] 명 포스터

I fixed a poster on the wall.
나는 벽에 포스터를 붙였다.

postman postmen

[ˈpoʊstmən 포우스트먼] 명 우체부, 집배원

The postman collects the mail two times a day.
집배원이 하루에 두 번 우편물을 수거해 간다.

pot pots

[pɑːt 파:앳] 뗑 항아리, 단지, 포트

She has a silver coffee pot.
그녀는 은으로 만든 커피 포트를 가지고 있다.

potato potatoes

[pəˈteɪtoʊ 퍼테이토우] 뗑 감자

Henry peels a potato.
헨리는 감자 껍질을 벗기고 있다.

pound pounded, pounded, pounding, pounds

[paʊnd 파운드] 뗑 탕탕 치다

Carpenters use a hammer to pound nails.
목수들은 못을 박을 때 망치를 사용한다.

pour poured, poured, pouring, pours

[pɔː(r) 포:(ㄹ)] 뗑 따르다, 붓다

When you pour the hot tea, be careful!
뜨거운 차를 따를 때는 조심하렴!

power

[ˈpaʊə(r) 파워(ㄹ)] 뗑 힘

They lost the power to walk.
그들은 걸을 힘을 잃었다.

practice
practiced, practiced, practicing, practices

[ˈpræktɪs 프랙티스] 몡 연습 동 연습하다

I think I'll practice some more.
난 연습이나 더 할게.

prepare
prepared, prepared, preparing, prepares

[prɪˈpeə(r) 프리페어(ㄹ)] 동 준비하다, 준비를 갖추다; (식사 따위를) 만들다

Mother is preparing breakfast in the kitchen.
어머니가 부엌에서 아침밥을 짓고 계신다.

present
presents

[ˈpreznt 프레즌트] 몡 선물, 현재

It's your birthday present.
이것이 네 생일 선물이야.

president
presidents

[ˈprezɪdənt 프레지던트] 몡 대통령, 회장

We chose him president of our club.
우리는 그를 우리 클럽의 회장으로 선출했다.

pretty

[ˈprɪti 프리티] 혱 예쁜

What a pretty dress!
정말 예쁜 드레스예요!

● 감탄문

감탄문은 감정(기쁨, 슬픔, 놀람 등)을 나타내는 데 쓰는 말이에요. 감탄문에는 두 가지 형식이 있어요. ① **What a beautiful picture this is**! 이 그림은 정말 아름답구나! ② **How beautiful this picture is**! 이 그림은 정말 아름답구나! ①은 **What** + **a[an]** + 형용사 + 명사 (+ 주어 + 동사)! ②는 **How** + 형용사[부사] (주어 + 동사)! 라는 형태입니다. 이렇게 외워보세요.
- 왓어(**What a**)형명주동 - 하우(**How**)형부주동 참 쉽죠~

price

[praɪs 프라이스] 몡 가격, 값

What is the price of this book?
이 책값은 얼마입니까?

prince princes

[prɪns 프린스] 몡 왕자 ↔ **princess**

He is dreaming to be a prince.
그는 왕자가 되길 꿈꾸고 있다.

princess princesses

[ˌprɪnˈses 프린쎄스] 몡 공주 ↔ **prince**

My friends say that I have a princess complex.
친구들이 나를 공주병이라고 불러요.

print printed, printed, printing, prints

[prɪnt 프린트] 됭 인쇄하다

This book has clear print.
이 책은 인쇄가 선명하다.

private

['praɪvət 프라이벗] (형) 사적인, 사립의 ↔ public

Mr. Ward's private life is well known.
워드 씨의 사생활은 잘 알려져 있다.

prize prizes

[praɪz 프라이즈] (명) 상, 상품, 상금

He gave me a clock as a prize.
그는 나에게 상으로 시계를 주었다.

probably

['prɑːbəbli 프라:버블리] (부) 아마도, 다분히

It will probably rain.
아마 비가 올 것이다.

problem problems

['prɑːbləm 프라:블럼] (명) 문제

What's the problem?
무슨 문제라도 있니?

product products

['prɑːdʌkt 프라:덕트] (명) 생산품

This dairy product has passed the expiration date.
이 유제품은 유통 기한이 지났습니다.

program programs

['proʊɡræm 프로우그램] 몡 프로그램

I installed a new program on the computer.

컴퓨터에 새로운 프로그램을 설치했다.

promise promised, promised, promising, promises

['prɑːmɪs 프라:미스] 똥 약속하다

He promised to come without fail.

그는 틀림없이 오겠다고 약속했다.

protect protected, protected, protecting, protects

[prəˈtekt 프러텍트] 똥 지키다, 보호하다

She wore sunglasses to protect her eyes from the sun.

그녀는 햇빛으로부터 그녀의 눈을 보호하기 위해 선글라스를 썼다.

proud

[praʊd 프라우드] 혱 뽐내는, 자랑으로 여기는

She is proud of her son.

그녀는 아들을 자랑으로 여긴다.

pull pulled, pulled, pulling, pulls

[pʊl 풀] 똥 끌다, 잡아당기다

Billy pulls the wagon.

빌리가 수레를 끈다.

pupil pupils

['pjuːpl 퓨·플] 옝 학생, 제자 <보통 초등학생·중학생>

There are many pupils in our school.
우리 학교에는 많은 학생들이 있다.

puppy puppies

['pʌpi 퍼피] 옝 강아지

The puppy is under the desk.
강아지는 책상 아래에 있다.

purpose

['pɜːrpəs 퍼·ㄹ퍼스] 옝 목적, 의도

What is the purpose of studying English?
영어를 공부하는 목적은 무엇입니까?

purse purses

[pɜːrs 퍼·ㄹ스] 옝 돈주머니, 돈지갑

There is nothing left in his purse.
지갑 속에 아무 것도 남아 있지 않다.

push pushed, pushed, pushing, pushes

[puʃ 푸쉬] 용 밀다

Don't push at the back.
뒤에서 밀지 마세요.

314

put put, put, putting, puts

[pʊt 풋] 동 두다

Where did you put my shoes?
내 신발을 어디 두셨어요?

puzzle puzzles

[ˈpʌzl 퍼즐] 명 수수께끼, 퍼즐

There are many different approaches to this puzzle.
이 퍼즐을 푸는 방법은 다양합니다.

pyjamas

[pəˈdʒæməz 퍼재머즈] 명 파자마, 잠옷(pajamas)

He used to slop around all day in his pyjamas.
그는 잠옷 차림으로 하루 종일 빈둥거리곤 했다.

Qq

quality

[ˈkwɑːləti 콰:알러티] 명 자질, 품질

This product is superior to that in quality.
이 제품은 질적으로 저 제품을 능가한다.

quarrel

[ˈkwɔːrəl 쿼:럴] 명 싸움, 말다툼

Why are you seeking a quarrel?
왜 싸움 거는 건데?

a quarter of orange
오렌지 4분의 1

quarter

[ˈkwɔːrtə(r) 쿼:러터(ㄹ)] 명 4분의 1, 15분

There is a quarter of an orange left.
오렌지 4분의 1이 남아 있다.

queen queens

[kwiːn 퀴:인] 명 여왕

The queen has a crown on her head.
여왕은 머리에 왕관을 쓰고 있다.

question questions

['kwestʃən 퀘스천] 똉질문

May I ask you a question? 질문 하나 해도 될까요?
Do you have any question? 질문 있어요?

quick

[kwɪk 퀵] 혱빠른, 급속한 ↔ **slow** 느린

He is quick in action.
그는 행동이 빠르다.

quickly

['kwɪkli 퀴클리] 뿡빨리, 급히 ↔ **slowly** 천천히

The tree grows quickly.
그 나무들은 빨리 자란다.

quiet

['kwaɪət 콰이엇] 혱조용한 ↔ **noisy** 시끄러운

She is quiet in action.
그녀의 행동은 조용하다.

quietly

[kwáiətli 콰이어틀리] 🔵 조용히, 침착하게

Please chew your gum quietly.

껌 좀 조용히 씹으세요.

quilt quilts

[kwilt 퀼트] 🔵 (솜·털·깃털 따위를 둔) 누비이불, 퀼트

A quilt is made of pieces of cloth.

퀼트는 천 조각으로 만들어진다.

quit quit, quit, quitting, quits

[kwɪt 퀴트] 🔵 그치다, 그만두다

If you want to quit, quit right now.

그만두고 싶으면 당장 그만둬.

quite

[kwaɪt 콰이트] 🔵 아주, 꽤

He was quite young.

그는 꽤 젊었다.

Rr

rabbit rabbits

[ˈræbɪt 래빗] 몡 토끼

I was born in the Year of the Rabbit.
난 토끼띠야.

race

[reɪs 레이스] 몡 경주, 레이스

I was last in the race.
나는 달리기에서 꼴찌로 들어왔다.

radio radios

[ˈreɪdioʊ 레이디오우] 몡 라디오

Turn down the radio.
라디오 소리를 줄여라.

railway railways

['reɪlweɪ 레일웨이] 명 철도

Let's meet at the railway station.
그 철도역에서 만나자.

rain rained, rained, raining, rains

[reɪn 레인] 명 비 동 비가 오다

The rain has stopped.
비가 그쳤다.

rainbow rainbows

['reɪnboʊ 레인보우] 명 무지개

There is a rainbow over the mountain.
그 산 위에 무지개가 있다.

raincoat raincoats

['reɪnkoʊt 레인코우트] 명 레인코트, 비옷

I don't want to wear this raincoat. It looks stupid.
이 비옷을 입고 싶지 않아요. 너무 멍청해 보여요.

rainy

['reɪni 레이니] 형 비의, 비가 오는

I met him on a rainy day.
나는 그를 어느 비가 오는 날에 만났다.

raise raised, raised, raising, raises

[reɪz 레이즈] 동 올리다

Raise your right hand when you understand.
알면 오른손을 드세요.

reach reached, reached, reaching, reaches

[riːtʃ 리:취] 동 도착하다, 다다르다 ↔ **start**

The train reached Busan Station at noon.
기차는 정오에 부산역에 도착했다.

read read, read, reading, reads

[riːd 리:드] 동 읽다

He can read French.
그는 프랑스어를 읽을 수 있다.

ready

['redi 레디] 형 준비된

Are you ready?
준비 됐나요?

real

[ˈriːəl 리:얼] 혱 실제의

It looks like a real unicorn.
그것은 실제 유니콘처럼 생겼습니다.

realize
realized, realized, realizing, realizes

[ˈriːəlaɪz 리:얼라이즈] 동 깨닫다, 알다

He realized what was right.
그는 무엇이 옳은가를 깨달았다.

really

[ˈriːəli 리:얼리] 부 참으로, 정말로

I really want to buy this book.
나는 정말로 이 책을 사고 싶다.

reason

[ˈriːzn 리:즌] 명 이유, 원인, 까닭

She suddenly left without any reason.
그녀는 별 이유 없이 갑자기 떠났다.

receive
received, received, receiving, receives

[rɪˈsiːv 리씨:브] 동 받다 ↔ give 주다

I received a letter from my friend.
나는 내 친구에게서 편지를 받았다.

record
recorded, recorded, recording, records

[rɪˈkɔːd 리코ː드] 동 기록하다

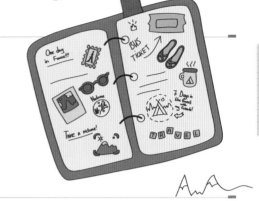

He kept a record of his trip.
그는 자신의 여행을 기록했다.

R

recorder
recorders

[rɪˈkɔːrdə(r) 리코ː르더(ㄹ)] 명 기록자, 녹음기

Can I borrow your tape recorder?
녹음기 좀 빌려줄 수 있어요?

recycle
recycled, recycled, recycling, recycles

[ˌriːˈsaɪkl 리ː싸이클] 동 ~을 재활용하다, 재순환시키다

I collected the old newspapers to recycle.
지난 신문들은 재활용하기 위해 모았다.

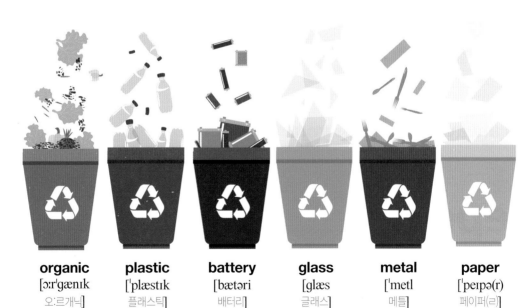

organic	**plastic**	**battery**	**glass**	**metal**	**paper**
[ɔːrˈgænɪk 오ː르개닉]	[ˈplæstɪk 플래스틱]	[bætəri 배터리]	[glæs 글래스]	[ˈmetl 메틀]	[ˈpeɪpə(r) 페이퍼(ㄹ)]
음식물	플라스틱	건전지	유리	금속	종이

red reds

[red 레드] 몡 빨강 혱 빨간색의

A fire engine is red.
소방차는 빨간 색이다.

refrigerator refrigerators

[rɪˈfrɪdʒəreɪtə(r) 리프리줘레이터(ㄹ)] 몡 냉장고 <보통 줄여서 **fridge**라고 한다>

There is nothing to eat in the refrigerator.
냉장고에 먹을 것이 하나도 없다.

relax relaxed, relaxed, relaxing, relaxes

[rɪˈlæks 릴랙스] 동 늦추다, 쉬다

I tried to stay relaxed.
긴장을 풀려고 노력했다.

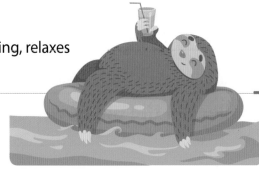

remember remembered, remembered, remembering, remembers

[rɪˈmembə(r) 리멤버(ㄹ)] 동 기억하다

I'll always remember you.
항상 너를 기억할게.

repeat repeated, repeated, repeating, repeats

[rɪˈpiːt 리피ː트] 동 반복하다

Could you repeat that?
다시 한 번 말씀해 주시겠습니까?

reply replied, replied, replying, replies

[rɪˈplaɪ 리플라이] ⑧ 대답하다 = answer

She replied to my letter.
그녀는 내 편지에 답장을 주었다.

report reported, reported, reporting, reports

[rɪˈpɔːrt 리포ː르트] ⑧ 보고하다, 알리다

The soldier reported on the accident.
그 병사는 그 사건을 보고하였다.

resource resources

[ˈriːsɔːrs; rɪˈsɔːrs 리ː쏘ː르스; 리쏘ː르스] ⑲ 자원

Water is mans most important natural resource.
물은 인간에게 가장 소중한 천연자원이다.

rest rested, rested, resting, rests

[rest 레스트] ⑲ 휴식 ⑧ 쉬다

Rest for a while.
잠시 쉬어라.

restaurant restaurants

[restrɑːnt; ˈrestərɑːnt 레스트라ː안트; 레스터라ː안트] ⑲ 식당

The restaurant was so crowded.
그 식당은 꽤 붐비었다.

result results

[rɪˈzʌlt 리절트] 몡 결과

It was a result right enough.
그것은 만족스런 결과였다.

return returned, returned, returning, returns

[rɪˈtɜːrn 리터ː르언] 동 되돌아가다

She will return soon.
그녀는 곧 돌아올 것이다.

ribbon ribbons

[ˈrɪbən 리번] 몡 리본

She has a red ribbon in her hair.
그녀는 빨간 머리띠를 하고 있다.

rice

[raɪs 라이스] 몡 쌀, 밥

The Koreans eat rice.
한국인은 쌀[밥]을 먹는다.

rich

[rɪtʃ 리취] 휑 부유한 ↔ poor 가난한

He is a rich man.
그는 부자이다.

ride rode, ridden, riding, rides

[raɪd 라이드] 동 타다

Can you ride a bicycle?
자전거를 탈 수 있니?

right

[raɪt 라이트] 명 오른쪽 형 옳은 ↔ **wrong** 잘못된, 틀린

She was perfectly right.
그녀가 전적으로 옳았다.

ring rings

[rɪŋ 링] 명 반지, 고리

She put a ring on her finger.
그녀는 반지를 끼었다.

rise rose, risen, rising, rises

[raɪz 라이즈] 동 (해·달이) 뜨다 ↔ **set** 지다

The sun rises in the east.
해는 동쪽에서 뜬다.

compass 나침판
[ˈkʌmpəs 컴퍼스]

river rivers

[ˈrɪvə(r) 리버(ㄹ)] 명 강

The river is wide.
그 강은 넓다.

road roads

[roʊd 로우드] 명 길

My house is across the road.
우리 집은 길 건너편에 있다.

robber robbers

[ˈrɑːbə(r) 라ː버(ㄹ)] 명 도둑, 강도

The robber fell on him and stole his money.
강도가 그에게 덤벼들어 돈을 훔쳐갔다.

robot robots

[ˈroʊbɑːt 로우바ːㅅ] 명 로봇

I wish for a robot.
나는 로봇이 갖고 싶어요.

rock

[rɑːk 라ː악] 명 바위

The ship struck a rock.
배가 바위에 부딪쳤다.

rocket rockets

[ˈrɑːkɪt 라:킷] 명 로켓

The rocket was launched.
로켓이 발사되었다.

roll rolled, rolled, rolling, rolls

[roʊl 로울] 동 구르다, 말다

The dog is rolling in the dust.
개가 먼지 속에서 뒹굴고 있다.

roof roofs

[ruːf 루:프] 명 지붕

The roof slopes.
지붕은 비탈져 있다.

room rooms

[ruːm; rʊm 루:움; 룸] 명 방

Flowers brighten a room.
꽃은 방을 밝게 한다.

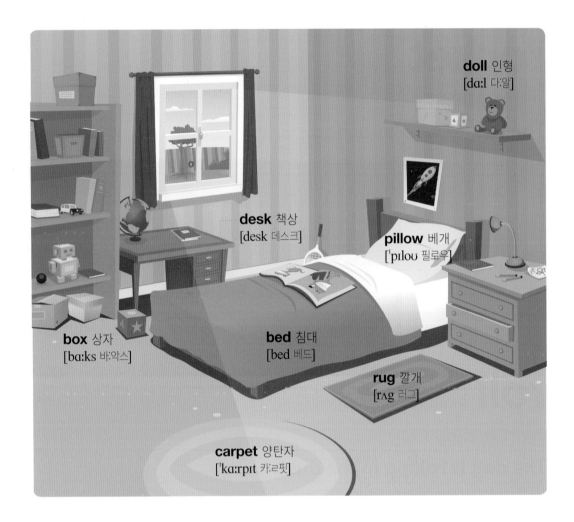

doll 인형
[dɑːl 다:알]

desk 책상
[desk 데스크]

pillow 베개
[ˈpɪloʊ 필로우]

box 상자
[bɑːks 바:악스]

bed 침대
[bed 베드]

rug 깔개
[rʌg 러그]

carpet 양탄자
[ˈkɑːrpɪt 카:ㄹ핏]

rooster roosters

[ˈruːstə(r) 루:스터(ㄹ)] 명 수탉

The rooster crows every morning at sunrise.
매일 아침 동틀 녘에 수탉이 운다.

root roots

[ruːt 루:트] 명 뿌리

The tree has taken root.
나무가 뿌리를 내렸다.

GOOD MORNING!

rope ropes

[roʊp 로우프] 몡 새끼, (밧)줄

I'm planning to do jump rope every morning.
나는 매일 아침 줄넘기를 할 계획이야.

rose roses

[roʊz 로우즈] 몡 장미

This rose smells sweet.
이 장미는 향기가 좋다.

round

[raʊnd 라운드] 혱 둥근

We believe that the earth is round.
우리는 지구가 둥글다는 것을 믿는다.

row rows

[roʊ 로우] 몡 열, 줄, 횡렬

I sat in the first row and faced the teacher.
나는 첫 번째 줄에 앉아서 선생님과 마주했다.

rub rubbed, rubbed, rubbing, rubs

[rʌb 러브] 동 비비다, 스치다

He rubbed his hands with soap.
그는 비누를 손에 문질렀다.

rug rugs

[rʌg 러그] 명 (바닥의) 깔개, 양탄자

The rug is on the floor.
양탄자가 바닥에 깔려있다.

ruler rulers

[ˈruːlə(r) 루:울러(ㄹ)] 명 자

Can I use your ruler?
자 좀 써도 되겠니?

run ran, run, running, runs

[rʌn 런] 동 달리다

Horses run fast.
말은 빨리 달려요.

running

[ˈrʌnɪŋ 러닝] 명 달리기

The people are running a race.
사람들은 달리기 경주를 하고 있다.

rush rushed, rushed, rushing, rushes

[rʌʃ 러쉬] 동 돌진하다, 달려들다

He rushed at me.
그는 나에게 달려들었다.

S s

s

sad

[sæd 쌔드] 형 슬픈 ↔ **glad** 기쁜, 좋은

The clown looks sad.

그 광대는 슬퍼 보여요.

safe

[seɪf 쎄이프] 형 안전한 ↔ **dangerous** 위험한

It is safe to wear a helmet.

헬멧을 쓰는 것은 안전하다.

sail sailed, sailed, sailing, sails

[seɪl 쎄일] 동 배가 떠나다, 출범하다, 항해하다

They sailed across the Atlantic Ocean.

그들은 배를 타고 대서양을 건넜다.

sailboat sailboats

['seɪlboʊt 쎄일보우트] 명 돛단배, 범선

Our sailboat is small but moves fast on the lake.

우리 돛단배는 작지만 호수에서 빠르게 달린다.

sailor sailors

['seɪlə(r) 쎄일러(ㄹ)] 몡뱃사람, 선원

A sailor opened a hatch and climbed onto the deck.
선원이 승강구 문을 열고 갑판으로 올라갔다.

salad

['sæləd 쌜러드] 몡샐러드

Bill ordered some spaghetti and salad.
빌은 스파게티와 샐러드를 주문했다.

salmon salmons

['sæmən 쌔먼] 몡연어

Place salmon steaks on the grill.
연어 스테이크를 그릴 위에 올리세요.

salt

[sɔːlt 쏘:올트] 몡소금

Sea water is salt water.
바닷물은 소금물이다.

same

[seɪm 쎄임] 혱같은 ↔ **different** 다른

We live in the same area.
우리는 같은 동네에 산다.

sand sands

[sænd 쌘드] 몡 모래

We built a sand castle.
우리들은 모래성을 쌓았다.

s

sandwich sandwiches

['sændˌwɪtʃ 쌘드위취] 몡 샌드위치

Two hot dogs and a sandwich, please.
핫도그 두 개와 샌드위치 하나 주세요.

Saturday

['sætərdeɪ 쌔터ㄹ데이] 몡 토요일

My birthday is on Saturday this year.
올해 내 생일은 토요일이야.

sausage sausages

['sɔːsɪdʒ 쏘:씨쥐] 몡 소시지

Put sausage on top of bread.
소시지를 빵 위에 얹으세요.

save saved, saved, saving, saves

[seɪv 쎄이브] 동 구하다, 구조하다

They saved the boy from drowning.
그들은 그 소년이 익사하는 것을 구조하였다.

saw saws / sawed, sawn, sawing, saws

[sɔ: 쏘:] 명 톱 동 톱질하다

The tree had to be sawn down.
그 나무는 톱으로 베어 넘어뜨려야 했다.

say said, said, saying, says

[seɪ 쎄이] 동 말하다

Please say that again.
다시 한 번 말씀해 주세요.

scare scared, scared, scaring, scares

[skeə(r) 스케어(ㄹ)] 동 놀라게 하다, 겁나게 하다

You scared me.
너는 나를 놀라게 했다[너 때문에 놀랐어].

She gets scared easily.
그녀는 무서움을 잘 탄다.

scarf scarves

[skɑːrf 스카:ㄹ프] 명 스카프, 목도리

I spent hours in the store picking this scarf out.
가게에서 몇 시간 걸려 이 스카프를 골랐어요.

school schools

[sku:l 스쿠:울] 몡 학교

School begins at eight thirty.
학교는 8시 반에 시작된다.

science

['saɪəns 싸이언스] 몡 과학

We study science at school.
우리는 학교에서 과학을 공부한다.

scientist scientists

['saɪəntɪst 싸이언티스트] 몡 과학자

I want to be a scientist.
나는 과학자가 되고 싶다.

scissors

['sɪzərz 씨저ㄹ즈] 몡 가위

The hairdresser clipped her hair with scissors.
미용사는 가위로 그녀의 머리를 잘랐다.

scold <small>scolded, scolded, scolding, scolds</small>

[skoʊld 스코울드] 동 (특히 아이를) 야단치다[꾸짖다]

He scolded me for being late.
그는 내가 지각한 것을 꾸짖었다.

score

[skɔː(r) 스코ː(ㄹ)] 명 점수

The score was three to five.
점수는 3대 5였다.

screen <small>screens</small>

[skriːn 스크리ː인] 명 스크린, 화면

Will you project the slides on the screen?
스크린에 슬라이드를 영사해 줄래?

scrub <small>scrubbed, scrubbed, scrubbing, scrubs</small>

[skrʌb 스크럽] 동 비벼 빨다

Scrub the vegetables clean.
그 채소들을 깨끗이 문질러 씻어라.

sea

[siː 씨ː] 명 바다

The sea was smooth.
바다는 잔잔했다.

season seasons

['siːzn 씨:즌] 몡 계절

Apples are in season now.
사과는 지금이 제철이다.

spring 봄
[sprɪŋ 스프링]

summer 여름
['sʌmə(r) 썸머(러)]

fall / autumn 가을
[fɔːl 포:올 / 'ɔːtəm 오:텀]

winter 겨울
['wɪntə(r) 윈터]

seat seats

[siːt 씨:트] 몡 의자, 좌석

I'll sit in the front seat.
앞자리에 앉겠습니다.

secret

['siːkrət 씨:크럿] 몡 비밀

He always keeps a secret.
그는 항상 비밀을 지킨다.

section sections

['sɛkʃən 쎅션] 몡 구분, 구획; 구역, 구간

The subway fare is 1,300 won a section. 지하철 요금은 구간 1300원이다.

see saw, seen, seeing, sees

[si: 씨:] 동 보다

You can see stars in the country.
시골에서는 별을 볼 수 있어.

seed seeds

[si:d 씨:드] 명 씨(앗)

The seed grew into a huge tree.
그 씨앗은 커다란 나무로 성장했다.

seem seemed, seemed, seeming, seems

[si:m 씨:임] 동 ~인 것 같다, ~처럼 보이다

He seems very happy.
그는 매우 행복한 것 같다.

sell sold, sold, selling, sells

[sel 쎌] 동 팔다 ↔ buy 사다

Grandma sells apples.
할머니가 사과를 파신다.

send sent, sent, sending, sends

[send 쎈드] 동 보내다

I send her a letter.
나는 그녀에게 편지를 보냈다.

sense

[sens 쎈스] 몡 감각, 느낌

We like people who have a sterling sense of humor.
우리는 유머 감각이 뛰어난 사람을 좋아해요.

sentence sentences

['sentəns 쎈턴스] 몡 문장

Read the sentence, please.
그 문장을 읽어 주세요.

September

[sep'tembə(r) 쎕템버(ㄹ)] 몡 9월

The fall semester begins in September.
가을 학기는 9월에 시작한다.

serious

['sɪriəs 씨리어스] 혱 진지한, 심각한

Are you serious?
진정이니?

servant servants

['sɜːrvənt 써ːㄹ번트] 몡 하인, 부하

He has two servants.
그는 두 명의 하인이 있다.

master

servant

serve served, served, serving, serves

[sɜːrv 써:르브] 동 (식당 등에서 음식을) 제공하다; (음식을 상에) 차려 주다

Breakfast is served between 7 and 10 a.m.
아침 식사는 7시에서 10시 사이에 제공됩니다.

service serviced, serviced, servicing, services

[ˈsɜːrvɪs 써:르비스] 명 봉사, 도움 동 봉사하다

I will do my service to my country.
나는 나라에 봉사할 생각이다.

set set, set, setting, sets

[set 쎗] 동 놓다, (식탁을) 차리다

Mother set the table for dinner.
어머니께서 저녁 식사를 차렸다.

seven

[ˈsevn 쎄븐] 명 7, 일곱

Andy lived in New York seven years ago.
앤디는 7년 전에 뉴욕에 살았다.

seventeen 17
[ˌsevnˈtiːn 쎄븐티:인]

seventy 70
[ˈsevnti 쎄븐티]

seventh 7번째
[ˈsevnθ 쎄븐쓰]

several

['sevrəl 쎄브럴] 형 (몇)몇의

Several letters arrived in this morning.
몇 통의 편지가 오늘 오전에 도착했다.

shake shook, shaken, shaking, shakes

[ʃeɪk 쉐익] 동 흔들리다. 흔들다

If you shake the tree, the fruit will fall.
네가 나무를 흔들면, 과일이 떨어질 것이다.

shall

[ʃæl 쉘] 조 ~일(할) 것이다, ~하기로 되어 있다

I shall start tomorrow.
내일 출발할 것이다.

shape

[ʃeɪp 쉐입] 명 모양

What shape is it?
그것은 어떤 모양입니까?

circle	heart	star	square
['sɜːrkl	[hɑːrt	[stɑː(r)	[skweə(r)
써ː르클]	하ː르트]	스타ː(ㄹ)]	스퀘어(ㄹ)]
동그라미	하트	별	네모

shark sharks

[ʃɑːrk 샤ː르크] 명 상어

A man-eating shark appeared at the beach.
식인상어가 해안에 나타났다.

sharp

[ʃɑːrp 샤ːㄹ프] (형) 날카로운, 뾰족한 ↔ dull 둔한

This animal has sharp teeth and powerful jaws.
이 동물은 날카로운 이빨과 강한 턱을 가지고 있다.

shawl shawls

[ʃɔːl 쇼ː올] (명) 숄, 어깨 걸치개

She had a shawl draped around her shoulders.
그녀는 어깨에 숄을 걸치고 있었다.

she

[ʃiː 쉬ː] (대) 그녀 (명) 여자, 암컷

She paints well.
그녀는 그림을 잘 그린다.

sheep sheep

[ʃiːp 쉬ː입] (명) 양

He keeps his sheep.
그는 양을 지키고 있다.

sheet sheets

[ʃiːt 쉬ː트] (명) 시트, 장(종이)

She bought a light blue sheet.
그녀는 옅은 파란 색 시트를 샀다.

shell shells

[ʃel 쉘] 몡 (달걀·조개 따위의) 껍질, 조가비

We collected shells on the beach.
우리는 해변에서 조개껍데기[조가비]를 모았다[주웠다].

shine shone, shone, shining, shines

[ʃaɪn 샤인] 통 비치다, 빛나다

The sun is shining brightly.
해가 밝게 빛나고 있다.

ship ships

[ʃɪp 쉽] 몡 배

The ship is sinking.
배가 가라앉고 있다.

shirt shirts

[ʃɜːrt 셔:ㄹ트] 몡 셔츠

Henry is ironing his shirt.
헨리는 셔츠를 다리고 있다.

shock shocked, shocked, shocking, shocks

[ʃɑːk 샤:크] 몡 충격 통 충격을 주다, 쇼크를 받다

The house was shaken by the shock of the explosion.
폭발의 충격으로 집이 흔들렸다.

shoe shoes

[ʃuː 슈ː] 몡 신발

I had my shoes mended.
나는 구두를 수선했다.

a shoe repairman
구두 수선공

shoot shot, shot, shooting, shoots

[ʃuːt 슈ː트] 동 쏘다

Don't move, or I'll shoot you.
꼼짝 마, 움직이면 쏜다.

shop shops

[ʃɑːp 샤ː압] 몡 가게 = store

The shop closes at five.
그 가게는 다섯 시에 닫는다.

shore

[ʃɔː(r) 쇼ː(ㄹ)] 몡 바닷가, 해안(지방)

Some people are walking along the shore.
몇 사람이 해변을 걷고 있다.

short

[ʃɔːrt 쇼ː르트] 혱 짧은 ↔ long 긴

Fall seems short.
가을은 짧은 것 같다.

should

[ʃʊd 슈드] 조 <shall의 과거> ❶ ~일(할) 것이다 ❷ ~해야 한다

I thought that I should win the prize.
나는 상을 탈 것이라고 생각했다.

You should help him.
당신은 그를 도와야 합니다.

shoulder shoulders

[ˈʃoʊldə(r) 쇼울더(ㄹ)] 명 어깨

He tapped me on the shoulder.
그는 내 어깨를 가볍게 툭 쳤다.

shout shouted, shouted, shouting, shouts

[ʃaʊt 샤우트] 동 외치다

Don't shout!
소리치지 마라!

shovel shovels / shoveled, shoveled, shoveling, shovels

[ˈʃʌvl 셔블] 명 삽 동 삽으로 푸다

The people are shoveling snow in the park.
사람들이 공원에서 삽으로 눈을 치우고 있다.

show <small>showed, shown, showing, shows</small>

[ʃoʊ 쇼우] 동 나타내다, 보이다

Show me your hands.
너의 손을 보여줘.

shower

['ʃaʊə(r) 샤워(ㄹ)] 명 소나기, 샤워

Henry is taking a shower.
헨리는 샤워를 하고 있다.

shrine <small>shrines</small>

[ʃraɪn 쉬라인] 명 성지

Wimbledon is a shrine for all lovers of tennis.
윔블던은 모든 테니스 애호가들의 성지이다.

shut <small>shut, shut, shutting, shuts</small>

[ʃʌt 셧] 동 닫다, 잠그다 ↔ **open** 열다

The door is shut.
문이 닫혀 있다.

shy

[ʃaɪ 샤이] 형 수줍어하는, 내성적인

The girl was shy and hid behind her mother.
소녀는 수줍어서 그녀 어머니의 뒤에 숨었다.

sick

[sɪk 씩] 형 아픈 = **ill**

I was sick yesterday.
나는 어제 아팠어요.

side

[saɪd 싸이드] 명 옆, 측면 형 측면의

We walk side by side.
우리는 나란히 걷는다.

sight

[saɪt 싸이트] 명 광경, 경치

The five senses are sight, hearing, touch, smell, and taste. 오감에는 시각, 청각, 촉각, 후각, 미각이 있다.

sign signs

[saɪn 싸인] 명 기호, 서명

Mark the plus sign.
플러스 기호(+)를 표시해라.

silent

[ˈsaɪlənt 싸일런트] 형 조용한, 침묵의

You must keep silent.
너희들은 잠자코 있어야 한다.

silly

['sɪli 씰리] 형 어리석은 = foolish

It is very silly of him to say such a thing.
그런 말을 하다니 그도 바보군.

silver

['sɪlvə(r) 씰버(ㄹ)] 명 은

Much jewelry is made from silver.
많은 보석이 은으로 만들어진다.

similar

['sɪmələ(r) 씨멀러(ㄹ)] 형 비슷한, 닮은

I and my friend are similar in character.
나와 내 친구는 성격이 비슷하다.

simple

['sɪmpl 씸플] 형 간단한, 쉬운

The problem was simple.
그 문제는 간단했다.

since

[sɪns 씬스] 전 ~부터(이후)

Since the party, she had only spoken to him once.
그 파티 이후로 그녀가 그에게 말을 건 것은 한 번뿐이었다.

sincerely

[sɪnˈsɪəli 씬씨어리] (부) 진심으로

I sincerely thank you for your kindness.
당신의 친절에 진심으로 감사드립니다.

sing sang, sung, singing, sings

[sɪŋ 씽] (동) 노래하다

She sings great.
그녀는 노래를 잘한다.

sir

[sɜː(r); sə(r) 써ː(ㄹ); 써(ㄹ)] (명) ~씨, 손님

Do you have a reservation, sir?
손님, 예약하셨습니까?

sister sisters

[ˈsɪstə(r) 씨스터(ㄹ)] (명) 여자 형제, 언니, 여동생

My sister resembles me.
내 여동생은 나와 닮았다.

sit sat, sat, sitting, sits

[sɪt 씻] (동) 앉다

Sit up straight.
똑바로 앉아라.

six

[sɪks 씩스] 몡 6, 여섯

Six were present, including the teacher.
선생님을 포함하여 6명이 출석하였다.

sixth 6번째
[sɪksθ 씩스쓰]

sixteen 16
[ˌsɪksˈtiːn 씩스티:인]

sixty 60
[ˈsɪksti 씩스티]

size

[saɪz 싸이즈] 몡 크기, 사이즈

Do you have a small size?
작은 사이즈 있나요?

skate skates

[skeɪt 스케이트] 몡 스케이트

Can you skate? 스케이트 탈 줄 아니?
I like skating. 나는 스케이트 타기를 좋아한다.

skateboard skateboards

[ˈskeɪtbɔːrd 스케이트보:ㄹ드] 몡 스케이트보드

I heard that you had a skateboard accident last week.
너 지난주에 스케이트보드 타다가 사고 났다며.

skating

['skeɪtɪŋ 스케이팅] 몡 스케이팅, 스케이트(타기)

Do you ever go ice skating in the winter?
겨울이 되면 스케이트를 타러 가니?

sketch <small>sketches</small>

[sketʃ 스케취] 몡 스케치, 사생화, 약도

The artist is making sketches for his next painting.
그 화가는 다음 그림을 위해 스케치들을 하고 있다.

ski <small>skied, skied, skiing, skis</small>

[ski: 스키:] 동 스키를 타다

They go skiing every winter.
그들은 해마다 겨울에는 스키를 타러 간다.

skin

[skɪn 스킨] 몡 살갗, 피부, (동물의) 가죽, (씨 따위의) 껍질

She has fair skin.
그녀는 피부가 희다.

skirt <small>skirts</small>

[skɜːrt 스커:ㄹ트] 몡 치마, 스커트

She wants to wear a skirt.
그녀는 스커트를 입고 싶어 한다.

sky

[skaɪ 스카이] 몡 하늘

The sun has climbed the sky.
태양이 하늘 높이 떠올랐다.

slave slaves

[sleɪv 슬레이브] 몡 노예

She treated her daughter like a slave.
그녀는 딸을 노예처럼 취급했다.

sled sleds

['slɛd 슬레드] 몡 썰매

The sled coasted down the hill.
썰매가 언덕 아래로 미끄러져 내려갔다.

sleep slept, slept, sleeping, sleeps

[sliːp 슬리:입] 동 자다

Owls sleep in the daytime.
올빼미는 낮에 잠을 잔다.

sleepy

['sliːpi 슬리:피] 혱 졸리는, 졸리는 듯한

He looks very sleepy.
그는 대단히 졸린 듯하다.

slide slides / slid, slid, sliding, slides

[slaɪd 슬라이드] 뗑 미끄럼틀 뗑 미끄러지다

There is a slide on the playground.
운동장에는 미끄럼틀이 있다.

slow

[sloʊ 슬로우] 뗑 느린 ↔ **fast** 빠른

Turtles are slow.
거북이는 느리다.

slowly

['sloʊli 슬로우리] 뗑 천천히, 느릿느릿 ↔ **quickly** 빠르게

They walked slowly.
그들은 천천히 걸었다.

small

[smɔːl 스모:올] 뗑 작은 ↔ **large, big** 큰

His store is small.
그의 가게는 규모가 작다.

smell smelled, smelled, smelling, smells

[smel 스멜] 뗑 냄새 뗑 냄새맡다, 냄새나다

There was a smell of burning.
타는 냄새가 났다.

smile smiled, smiled, smiling, smiles

[smaɪl 스마일] 몡 미소 똥 웃다

A smile came to his lips.
그의 입술에 미소가 떠올랐다.

smoke smoked, smoked, smoking, smokes

[smoʊk 스모욱] 몡 연기 똥 담배 피우다

You may not smoke here.
여기에서 담배를 피워선 안 된다.

snail snails

[sneɪl 스네일] 몡 달팽이

He is as slow as a snail.
그는 달팽이처럼 느릿느릿하다.

snake snakes

[sneɪk 스네익] 몡 뱀

My cousin has a pet snake.
내 사촌은 애완용 뱀을 갖고 있어.

sneakers

[ˈsniːkə(r)z 스니ː커ㄹ즈] 몡 운동화, 스니커즈

He removed his sneakers and waded into the water.
그는 운동화를 벗고 물 속으로 철벅철벅 걸어 들어갔다.

snore snored, snored, snoring, snores

[snɔː(r) 스노ː(ㄹ)] 동 코를 골다

I could hear Paul snoring in the next room.
옆방에서 폴이 코 고는 소리가 들렸다.

snow snowed, snowed, snowing, snows

[snoʊ 스노우] 명 눈 동 눈이 오다

Much snow has fallen.
많은 눈이 내렸다.

snowball

['snoʊbɔːl 스노우보ː올] 명 눈뭉치, 눈덩이

The children were rolling a snowball along the playground.
아이들은 운동장에서 눈뭉치를 굴리고 있었다.

so

[soʊ 쏘우] 부 매우, 너무, 정말 접 그래서, 그렇게

I'm so glad to see you.
만나서 정말로 기뻐.

So I could see him. 그래서 나는 그를 만날 수 있었다.

soap

[soʊp 쏘웁] 몡 비누

Wash your hands with soap.
비누로 손을 씻어라.

soccer

[ˈsɑːkə(r) 싸:커(ㄹ)] 몡 축구

He plays soccer on Saturday afternoon.
그는 토요일 오후에는 축구를 한다.

society

[səˈsaɪəti 써싸이어티] 몡 사회

They're eating away at our society.
그들이 우리 사회를 좀먹고 있어요.

socks

[sɑːks 싸:악스] 몡 양말

He bought a pair of new socks.
그는 새 양말 한 켤레를 샀다.

sofa sofas

[ˈsoʊfə 쏘우퍼] 몡 소파

The cat is sleeping on the sofa.
고양이가 소파에서 자고 있다.

soft

[sɔːft 쏘ː프트] 형 부드러운 ↔ **hard** 딱딱한

This pillow feels very soft.
이 베개는 매우 부드럽다.

soldier soldiers

['souldʒə(r) 쏘울저(ㄹ)] 명 군인, 병사

The soldiers will fight bravely.
군인들은 용감히 싸울 것이다.

solve solved, solved, solving, solves

[saːlv 싸ː알브] 동 풀다, 해결하다

Nobody was able to solve the problem.
누구도 그 문제를 풀 수 없었다.

some

[sʌm 썸] 형 약간의

Drink some milk.
우유를 조금 마셔라.

somebody

['sʌmbədi 썸버디] 대 누군가, 어떤 사람

Somebody called me in the dark.
누군가 어둠 속에서 나를 불렀다.

someday

['sʌmˌdeɪ 썸데이] ⑨ 언젠가

I knew this would happen someday.
언젠가는 이렇게 될 줄 알았어요.

someone

['sʌmwʌn 썸원] ㉕ 어떤 사람, 누구

Someone is knocking on the door.
어떤 사람이 문을 두드리고 있다.

something

['sʌmθɪŋ 썸씽] ㉕ 어떤 것[일], 무엇

Give me something to eat.
무엇인가 먹을 것을 주세요.

sometimes

['sʌmtaɪmz 썸타임즈] ⑨ 때때로, 가끔

She sometimes goes with us.
그녀는 때때로 우리와 같이 간다.

Sometimes I go by car.
가끔은 (내가) 승용차로 간다.

somewhere

['sʌmweə(r) 썸웨어(ㄹ)] (부) 어딘지, 어딘가에

She lives somewhere around here.
그녀는 이 근방 어딘가에 산다.

son sons

[sʌn 썬] (명) 아들 ↔ **daughter** 딸

Her son is thirteen years old.
그녀의 아들은 13살입니다.

son   daughter

song songs

[sɔːŋ 쏘:옹] (명) 노래

Ally sings a song.
앨리가 노래를 부른다.

soon

[suːn 쑤:운] (부) 곧

Walking soon tires me.
나는 걸으면 곧 피곤해진다.

sorry

['sɑːri; 'sɔːri 싸:리; 쏘:리] (형) 미안한, 유감스러운

I am sorry I am late.
늦어서 미안해요.

sound

[saʊnd 싸운드] 몡 소리

The ear reacts to sound.
귀는 소리에 반응한다.

soup

[suːp 쑤ː웁] 몡 수프

This soup is too thin.
이 수프는 너무 묽다.

south

north

[saʊθ 싸우쓰] 몡 남쪽 ↔ **north** 북쪽

We traveled toward the south.
우리는 남쪽을 향해 여행했다.

south

space

[speɪs 스페이스] 몡 공간, 우주

He is interested in space research.
그는 우주 연구에 관심이 있다.

spaceship spaceships

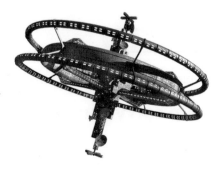

['speɪsʃɪp 스페이스쉽] 몡 우주선

I feel like I'm in a spaceship.
마치 우주선 안에 들어온 것 같아요.

sparrow sparrows

['spærou 스패로우] 몡 참새

A sparrow was perched on an electric wire.
참새 한 마리가 전깃줄 위에 앉아 있었다.

speak spoke, spoken, speaking, speaks

[spi:k 스피:크] 동 말하다

He can speak good English.
그는 영어를 잘 말한다.

speaker speakers

['spi:kə(r) 스피:커(ㄹ)] 몡 말하는 사람; 연설자, 스피커

I should like to be a good speaker.
나는 말을 잘하는 사람이 되고 싶다.

special

['speʃəl 스페셜] 혱 특별한, 특수한

We eat special food on New Year's Day.
우리는 설날에 특별한 음식을 먹는다.

speech

[spi:tʃ 스피:취] 몡 연설

He made a speech in English.
그는 영어로 연설을 했다.

speed

[spiːd 스피ː드] 똉 속도

He ran away at top speed.
그는 최고 속도로 달아났다.

spell spelt, spelt, spelling, spells

[spel 스펠] 똉 철자를 쓰다

How do you spell your name?
이름은 어떻게 씁니까?

spend spent, spent, spending, spends

[spend 스펜드] 똉 (시간·돈 등을) 보내다, 쓰다

How do you spend your free time?
너는 여가 시간을 어떻게 보내니?

spider spiders

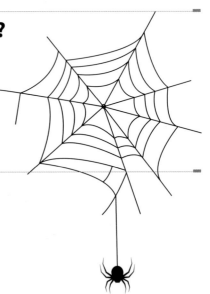

[ˈspaɪdə(r) 스파이더(ㄹ)] 똉 거미

The spider is making a web.
거미가 거미줄을 치고 있다.

spoon spoons

[spuːn 스푸ː운] 똉 숟가락

I use a spoon when I eat food.
나는 음식을 먹을 때 숟가락을 사용한다.

sport sports

[spɔːrt 스포ː르트] 몡 운동, 경기

Ping-pong is an indoor sport.
탁구는 실내 스포츠다.

baseball 야구
['beɪsbɔːl 베이스보ː올]

basketball 농구
['bæskɪtbɔːl 배스킷보ː올]

volleyball 배구
[vɑːlibɔːl 바ː알리보ː올]

soccer 축구
['sɑːkə(r) 싸커(ㄹ)]

cycling 자전거 경주
['saɪklɪŋ 싸이클링]

marathon 마라톤
['mærəθɑːn 매러싸ː안]

tennis 테니스
['tenɪs 테니스]

golf 골프
[gɑːlf 가ː알프]

taekwondo 태권도
[ˌtaɪ ˌkwɑn ˈdoʊ 타이콴도우]

boxing 복싱
['bɑːksɪŋ 바ː악씽]

swimming 수영
['swɪmɪŋ 스위밍]

scuba diving
스쿠버 다이빙
['skuːbə ˈdaɪvɪŋ
스쿠ː버 다이빙]

spot spots

[spɑːt 스파ː앳] 몡 반점

Which has spots, the leopard or the tiger?
반점이 있는 게 어느 거지, 표범인가 호랑이인가?

spring springs

[sprɪŋ 스프링] 몡 봄, 용수철

Spring has come, winter is gone.
겨울은 가고 봄이 왔다.

square squares

[skweə(r) 스퀘어(ㄹ)] 몡 정사각형, 광장

A square has four equal sides.
정사각형은 네 변의 길이가 같다.

squirrel squirrels

['skwɜːrəl 스쿼ː럴] 몡 다람쥐

The squirrel is sitting on the tree.
다람쥐가 나무에 앉아 있다.

stadium stadiums

['steɪdiəm 스테이디엄] 몡 경기장, 스타디움

The game is played in a stadium.
경기장에서 경기가 진행되고 있다.

stage stages

[steɪdʒ 스테이쥐] 몡 무대, 스테이지

She appeared on the stage.
그녀가 무대 위에 모습을 드러내었다.

stairs

[steə(r)z 스테어(ㄹ)즈] 몡 계단

Ally went up the stairs.
앨리는 계단을 올라갔다.

stamp stamps

[stæmp 스탬프] 몡 우표, 도장

My hobby is collecting stamps.
내 취미는 우표 수집이다.

stand stood, stood, standing, stands

[stænd 스탠드] 통 서다, 서 있다

They stand in line.
그들은 일렬로 서 있다.

star stars

[stɑː(r) 스타:(ㄹ)] 몡 별

Stars twinkle bright.
별이 밝게 빛나고 있다.

start
started, started, starting, starts

[stɑːrt 스타:르트] 명 시작 동 시작하다

Please start again from the beginning.
처음부터 다시 시작하세요.

state

[steɪt 스테이트] 명 상태. (흔히 the S-) 국가, 나라; 국토

She remained in a vegetative state.
그녀는 식물인간 상태에 있었다.

station
stations

['steɪʃən 스테이션] 명 역, 정거장

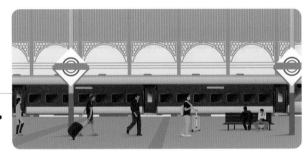

A train is in the station.
기차가 역에 있다.

statue
statues

['stætʃuː 스태츄:] 명 동상

There is the Statue of Liberty in New York.
뉴욕에는 자유의 여신상이 있다.

stay
stayed, stayed, staying, stays

[steɪ 스테이] 동 머무르다

I should like to stay here.
나는 이곳에 머무르고 싶다.

steal stole, stolen, stealing, steals

[sti:l 스티:일] 동 훔치다, 도둑질하다

Someone stole my money.
누군가가 내 돈을 훔쳐갔다.

steam

[sti:m 스티:임] 명 증기

These engines are driven by steam.
이 엔진들은 증기로 움직인다.

step steps

[step 스텝] 명 걸음

He took a step back.
그는 뒤로 한 걸음 물러났다.

stick sticks

[stɪk 스틱] 명 막대기

This stick measures three feet.
이 막대기의 길이는 3피트이다.

sticky

['stɪki 스티키] 형 끈적한, 들러붙는

This glue doesn't stick very well.
이 접착제는 잘 붙지 않는다.

still

[stɪl 스틸] ㉑ 아직도, 여전히

There's still time to change your mind.
당신이 마음을 바꿀 시간은 아직 있다.

stocking stockings

[ˈstɑːkɪŋ 스타:킹] ㉐ 스타킹, 긴 양말

I didn't even know I had a run[ladder] in my stocking.
나는 스타킹에 올이 나간 것도 몰랐다.

stomach stomachs

[ˈstʌmək 스터먹] ㉐ 배, 위

I'm so hungry my stomach is growling.
배가 너무 고파 뱃속에서 소리가 난다.

stomachache

[ˈstʌmədkˌeɪk 스터먹에익] ㉐ 위통, 복통.

I have a terrible stomachache, I feel like I'm going to die.
배가 너무 아파서 죽을 지경이야.

stone stones

[stoʊn 스토운] 몡 돌

The Pyramids were made of stone.
피라미드는 돌로 만들어졌다.

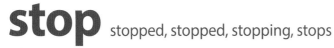

stop stopped, stopped, stopping, stops

[stɑːp 스타ː압] 통 멈추다

Stop playing right now.
그만 놀아라.

store stores

[stɔː(r) 스토ː(ㄹ)] 몡 가게, 상점

There are many stores in this street.
이 거리에는 상점들이 많다.

storm storms

[stɔːrm 스토ːㄹ옴] 몡 폭풍

The storm overtook the ship.
폭풍우가 갑자기 배를 덮쳤다.

story stories

['stɔːri 스토ː리] 몡 이야기

I want to tell you a story.
너에게 들려줄 이야기가 하나 있어.

stove stoves

[stoʊv 스토우브] 몡 난로

The stove smokes.
난로에서 연기가 난다.

straight

[streɪt 스트레이트] 혱 곧은 뷔 똑바로

The road is very straight.
그 길은 매우 똑바르다.

strange

[streɪndʒ 스트레인쥐] 혱 이상한, 낯선

A strange thing happened.
이상한 일이 일어났다.

stranger strangers

[ˈstreɪndʒə(r) 스트레인저(ㄹ)] 몡 모르는[낯선] 사람

There was a complete stranger sitting at my desk.
내 책상에 전혀 모르는 사람이 앉아 있었다.

strawberry strawberries

[ˈstrɔːberi 스트로ː베리] 몡 딸기

I want to try the strawberry cake, too.
나는 딸기 케이크도 먹어보고 싶어.

stream streams

[striːm 스트리:임] 몡 시내, 개울, 흐름

The stream flows across the bridge.
개천은 다리를 가로질러 흐른다.

street streets

[striːt 스트리:트] 몡 길, 거리

The street is empty.
거리가 텅 비어 있다.

strike struck, stricken, striking, strikes

[straɪk 스트라이크] 동 치다, 때리다

A clock strikes three.
시계가 3시를 친다.

strong

[strɔːŋ 스트로:옹] 혱 강한 ↔ **weak** 약한

You're the strong one, you know that?
넌 강해, 알지?

student students

['stuːdnt 스튜:든트] 몡 학생

She is a diligent student.
그녀는 부지런한 학생이다.

study studied, studied, studying, studies

['stʌdi 스터디] 명 공부 동 배우다

Students have to study hard.
학생들은 열심히 공부해야 한다.

stupid

['stuːpɪd 스튜:피드] 형 어리석은 = foolish

Don't do that stupid thing.
그렇게 어리석은 짓 좀 하지 마.

subject subjects

['sʌbdʒɪkt; 'sʌbdʒekt 써브직트; 써브젝트] 명 주제, 제목. (학교의) 과목, 학과

That is an interesting subject for conversation.
그것은 회화로서는 재미있는 화제이다.

english 영어
['ɪŋglɪʃ 잉글리쉬]

art 미술
[ɑːrt 아:르트]

math(ematics) 수학
[ˌmæθə'mætɪks 매쓰(매써매틱스)]

social studies 사회
['souʃəl 'stʌdiz 소우셜 스터디즈]

physical education 체육
['fɪzɪkl ˌedʒu'keɪʃən 피지클 에쥬케이션]

history 역사
['hɪstəri 히스터리]

science 과학
['saɪəns 싸이언스]

multimedia 멀티미디어
[ˌmʌltiˈmiːdiə 멀티미:디어]

music 음악
['mjuːzɪk 뮤:직]

suburb

[sʌbɜːrb 써버:ㄹ브] 몡 교외, 근교

I live in the suburb of Seoul.
나는 서울 근교에 산다.

subway subways

['sʌbweɪ 써브웨이] 몡 지하철

The subway has arrived at the station.
지하철이 역에 도착했다.

success

[səkˈses 썩쎄스] 몡 성공

He is sure of success.
그는 자신의 성공을 확신한다.

such

[sətʃ 써취] 혱 그와 같은, 그런

Don't say such a bad word.
그와 같은 나쁜 말은 하지 마라.

suddenly

['sʌdənli 써던리] 🔘 돌연, 갑자기

The car stopped suddenly.
차가 갑자기 멈추었다.

sugar

['ʃʊɡə(r) 슈거(ㄹ)] 🔘 설탕

Sugar melts in water.
설탕은 물에 녹는다.

suit <small>suits</small>

[suːt 슈ː트] 🔘 신사복

Father has on a new suit.
아버지는 새로 맞춘 신사복을 입고 계신다.

suitcase <small>suitcases</small>

['suːtkeɪs 슈ː트케이스] 🔘 여행가방

He put a label on his suitcase.
그는 여행가방에 꼬리표를 붙였다.

summer

['sʌmə(r) 썸머(ㄹ)] 🔘 여름

It gets hot in the summer.
여름에는 더워진다.

sun

[sʌn 썬] 명 태양

The sun is the center of the solar system.

태양은 태양계의 중심이다.

Sunday

[ˈsʌndeɪ 썬데이] 명 일요일

I just watched TV all of Sunday.

일요일 내내 텔레비전만 봤는걸.

sunflower sunflowers

[ˈsʌnflaʊə(r) 썬플라워(ㄹ)] 명 해바라기

She is putting a sunflower in her hair.

그녀는 머리에 해바라기를 꽂고 있다.

sunny

['sʌni 써니] 형 햇빛의, 맑은; 햇볕이 잘 드는

This is a sunny day.
오늘은 화창한 날이다.

sunshine

['sʌnʃaɪn 썬샤인] 명 햇빛, 양지

The children are playing in the sunshine.
어린이들은 햇빛에서 놀고 있다.

supermarket supermarkets

['suːpərmɑːrkət 슈ː퍼ㄹ마ː르컷] 명 슈퍼마켓

Jenny buys food at the supermarket.
제니는 슈퍼마켓에서 식품을 산다.

superstition

[ˌsuːpərˈstɪʃən 슈ː퍼ㄹ스티션] 명 미신

According to superstition, breaking a mirror brings bad luck.
미신에 따르면, 거울을 깨뜨리면 불운을 가져온다.

supper

[ˈsʌpə(r) 써퍼(ㄹ)] 몡 저녁식사, 만찬

I had supper already.
나는 벌써 저녁 식사를 했다.

suppose supposed, supposed, supposing, supposes

[səˈpoʊz 써포우즈] 동 추측하다, ~라고 생각하다 = **guess**

I suppose he will come soon.
나는 그가 곧 올 것이라고 생각한다.

sure

[ʃʊə(r) 슈어(ㄹ)] 혱 확신하는

I'm sure of his success.
나는 그의 성공을 확신한다.

surely

[ˈʃʊəli 슈어리] 붱 틀림없이, 꼭 = **certainly**

She will surely arrive in time.
그녀는 틀림없이 제시간에 도착할 것이다.

surf

[sɜːrf 써ː르프] 몡 (해안에) 밀려드는 파도

I'm going to the beach to surf all summer long.
난 해변에 가서 여름 내내 서핑을 할 거야.

surprise
surprised, surprised, surprising, surprises

[sərˈpraɪz 써ㄹ프라이즈] 몡 놀람 통 놀라게 하다

I have a surprise for you.
너를 놀래줄 일이 있어.

swallow
swallowed

[ˈswɑːloʊ 스와:알로우] 통 (음식물 따위를) 삼키다

He swallowed his food quickly.
그는 재빠르게 음식을 삼켜 버렸다.

sweat

[swet 스웻] 몡 땀

She worked up a sweat in the gym.
그녀는 체육관에서 운동을 하며 땀을 뺐다.

sweater
sweaters

[ˈswetə(r) 스웨터(ㄹ)] 몡 스웨터

Mary is knitting a sweater.
메리는 스웨터를 짜고 있다.

sweet

[swiːt 스위:트] 혱 단, 달콤한 ↔ **sour** 신, 시큼한

These grapes are sweet.
이 포도들은 달콤하다.

swim swam, swum, swimming, swims

[swɪm 스윔] 몡 수영 동 헤엄치다

Peter knows how to swim.
피터는 수영을 할 줄 안다.

swing swings / swang, swung, swinging, swings

[swɪŋ 스윙] 몡 그네 동 흔들다

The boys are playing on the swing.
소년들이 그네에서 놀고 있다.

switch switches / switched, switched, switching, switches

[swɪtʃ 스위취] 몡 스위치, 전환 동 맞바꾸다

Someone is turning on the switch.
누군가가 스위치를 켜고 있다.

system systems

['sɪstəm 씨스텀] 몡 체계, 조직, 시스템.

The system is going down in ten minutes.
10분 있으면 시스템이 중단된다.

Tt

table <small>tables</small>

['teɪbl 테이블] 명 탁자, 식탁

You must clean the table.
테이블을 깨끗하게 치워야 해.

tail <small>tails</small>

[teɪl 테일] 명 꼬리 ↔ **head** 머리

The monkey has a long tail.
원숭이는 긴 꼬리를 갖고 있다.

take <small>took, taken, taking, takes</small>

[teɪk 테이크] 동 잡다, 가져가다

Take it easy.
맘을 편히 가져.

tale <small>tales</small>

[teɪl 테일] 명 이야기, 설화

This is no fairy tale for the kiddies.
이 책은 아이들을 위한 동화가 아니다.

talk talked, talked, talking, talks

[tɔːk 토크] 동 말하다

Don't talk nonsense!
터무니없는 소리 말아라!

tall

[tɔːl 토올] 형 키가 큰 ↔ short 키가 작은

The stewardess was very tall.
그 여승무원은 키가 매우 컸다.

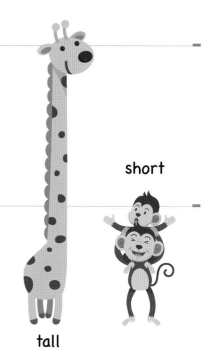

short

tall

tape tapes

[teɪp 테이프] 명 테이프

I don't have a tape recorder.
나에게는 테이프 녹음기가 없다.

taste tasted, tasted, tasting, tastes

[teɪst 테이스트] 명 맛 동 맛보다

We taste with our tongues.
우리는 혀로 맛을 안다.

 taste 맛
[teɪst 테이스트]

 touch 만지기
[tʌtʃ 터취]

 hearing 듣기
['hɪərɪŋ 히어링]

 sight 보기
[saɪt 싸잇]

 smell 냄새
[smel 스멜]

taxi taxis

['tæksi택씨] 명 택시

A taxi driver should be kind.
택시 운전기사는 친절해야 한다.

tea

[ti: 티:] 몡차

I like strong tea.
나는 진한 차를 좋아한다.

teach taught, taught, teaching, teaches

[ti:tʃ 티:취] 동가르치다

Mrs. Kim teaches English.
김 선생님은 영어를 가르치신다.

teacher teachers

[ˈtiːtʃə(r) 티:취(ㄹ)] 몡선생님

Miss White is an English teacher.
화이트 선생님은 영어 선생님이다.

team teams

[ti:m 티:임] 몡팀

This team won the game.
이 팀이 경기에서 이겼다.

tear tears / tore, torn, tearing, tears

[tɪə(r) / teə(r) 티어(ㄹ) / 테어(ㄹ)] 몡 눈물 통 찢다, 뜯다

Tears fell down from her eyes.
그녀의 눈에서 눈물이 떨어졌다.

I tore the package open.
나는 그 소포를 뜯어서 펼쳤다[뜯어보았다].

teenager teenagers

['tiːneɪdʒə(r) 티:인에이쳐(ㄹ)] 몡 10대의 소년[소녀], 틴에이저(13-19 살까지의)

I knew I was not the perfect teenager.
나도 내가 완벽한 청소년이 아니었다는 것을 알아.

telephone telephones

['telə͵foʊn 텔러포운] 몡 전화기

The telephone is ringing.
전화가 울리고 있다.

television televisions

['telə͵vɪʒən 텔러비전] 몡 텔레비전 = TV(텔레비전의 약자)

I watch television every evening.
나는 매일 저녁 텔레비전을 본다.

tell told, told, telling, tells

[tel 텔] 동 말하다

Tell me about them.
그것들에 대해 말해 줘.

temple temples

['templ 템플] 명 절, 사원

A temple is a sacred place.
절은 신성한 곳이다.

They visited the temple.
그들은 그 절을 방문했다.

temperature temperatures

['tɛmprəˌtʃuə(r) 템프러춰(ㄹ)] 명 온도

What time was the lowest temperature recorded?
최저 기온이 기록된 것은 몇 시지?

ten

[ten 텐] 명 10, 열 형 10의; 10인[개]의

I'll do it in ten minutes. I'm busy now.
10분 뒤에 해 줄게. 지금 바빠서.

tennis

['tenɪs 테니스] 몡 테니스

We lost the tennis game.
우리는 테니스 경기에서 패했다.

tent tents

[tent 텐트] 몡 천막, 텐트

We spent the night in a tent.
우리는 그 밤을 텐트 안에서 보냈다.

termite termites

['tɜːrmaɪt 터ː르마이트] 몡 흰개미

Houses would be eaten by termites.
흰개미들이 집을 다 먹을 것이다.

terrible

['terəbl 테러블] 혱 끔찍한, 심한

It was a terrible accident.
그것은 끔찍한 사고였다.

test

[test 테스트] 몡 시험

We had a test in math.
우리는 수학 시험을 봤다.

textbook textbooks

['tekstbʊk 텍스트북] 명 교과서

This is a new textbook.
이것은 새 교과서이다.

than

[ðæn 댄] 전 접 ~보다, ~에 비하여

I am older than you.
나는 너보다 나이가 많다.

thank thanked, thanked, thanking, thanks

[θæŋk 쌩크] 동 감사하다

Thank you anyway.
어쨌든 고마워.

that

[ðæt 댓] 대 저것

Ask that man there.
저기에 있는 저 남자에게 물어봐.

the

[ðə; ði 더; 디] 관 그, 저

The girl has lost her wallet.
그 소녀는 지갑을 잃어버렸다.

theater theaters

['θiːətər 씨:어터ㄹ] 몡 극장, 영화관 *미국에서는 -ter가 많이 쓰이나, 극장 이름에는 -tre가 흔함

Is there a movie theater around here?

이 근처에 극장이 있습니까?

their

[ðeə(r) 데어(ㄹ)] 때 그들의, 그것들의 <they의 소유격>

They played their violins for the party.

그들은 그 파티에서 바이올린을 연주했다.

them

[ðem 뎀] 때 그들을[에게], 그것들을[에게] <they의 목적격>

What are you doing with those matches? Give them to me.

너 그 성냥 가지고 뭐하니? (그것들) 나한테 줘.

then

[ðen 덴] 봄 그 때 졉 그리고 나서

Then came visitors.

그리고 나서 방문객들이 왔다.

there

[ðeə(r) 데어(ㄹ)] 튀 그곳에

He lives near there.
그는 그곳 근처에 산다.

these

[ði:z 디:즈] 떼 이것들

These are presents for the old.
이것들은 노인들을 위한 선물이다.

they

[ðei 데이] 떼 그들

They lived happily.
그들은 행복하게 살았다.

thick

[θɪk 씩] 혱 두꺼운 ↔ thin 얇은

Slice the bread thick.
빵을 두껍게 썰어라.

thief thieves

[θi:f 씨:프] 몡 도둑

My dogs were snarling at the thief.
내 개들은 도둑에게 으르렁거리고 있었다.

thin

[θɪn 씬] 톙얇은 ↔ **thick** 두꺼운, 날씬한 ↔ **fat** 뚱뚱한

That man is thin.
저 남자는 날씬하다.

thing things

[θɪŋ 씽] 톙물건, 일

There's no such thing as ghosts.
유령 같은 건 없어.

think thought, thought, thinking, thinks

[θɪŋk 씽크] 톙생각하다

Try to think in English always.
항상 영어로 생각하도록 해봐.

third

[θɜːrd 써:ㄹ드] 톙제3의; 세(번)째의

This elevator doesn't stop on the third floor.
이 엘리베이터는 3층에는 서지 않습니다.

thirsty

['θɜːrsti 써:ㄹ스티] 톙목마른

I am hungry and thirsty too.
나는 배고픈 데다 목도 마르다.

this

[ðɪs 디스] 때 이것

This is eatable.
이것은 먹을 수 있다.

those

[ðəʊz 더우즈] 때 저것들, 그것들

Those are old books.
저것들은 오래된 책들이다.

though

[ðoʊ 도우] 접 비록 ~이지만 = **although**

Though I fail, I will try again.
비록 실패할지라도 나는 다시 시도하겠다.

thought

[θɔːt 쏘:트] 명 (특정한) 생각

Would Mark be able to help? It's just a thought.
마크가 도와줄 수 있을까? 그냥 생각이 나서 하는 말인데.

thousand

[ˈθaʊznd 싸우즌드] 명 1,000, 천

It's two thousand won.
2,000원입니다.

three

[θri: 쓰리:] 몡 3, 셋

Starting tomorrow, I'll be working out three times a week.
내일부터는 일주일에 세 번씩 운동을 할 겁니다.

thirteen 13
[ˌθɜːrˈtiːn 써:르티:인]

thirty 30
['θɜːrti 써:르티]

third 3번째
[θɜːrd 써:르드]

through

[θru: 쓰루:] 졘 ~을 통해[관통하여], ~사이로 ㉅ 지나[뚫고서], 내내, 줄곧

The sand ran through my fingers.
모래가 내 손가락 사이로 흘러 내렸다.

We can wear blue jeans all through the year.
청바지는 일년 내내 입을 수 있다.

hourglass 모래시계
['aʊərɡlæs 아워르글래스]

throw   threw, thrown, throwing, throws

[θroʊ 쓰로우] 됩 던지다

The children are throwing the rocks.
아이들이 돌을 던지고 있다.

393

thumb thumbs

[θʌm 썸] 명 엄지손가락

He gave me the thumbs up.
그는 나를 향해 엄지를 세워 보였다.

thunder

[ˈθʌndə(r) 썬더(ㄹ)] 명 우레; 천둥 <lightning 번개>

The sudden clap of thunder caused me to start.
갑작스런 천둥소리에 나는 움찔했다.

Thursday

[ˈθɜːrzdeɪ 써ː르즈데이] 명 목요일

It is on the fourth Thursday in November. Why?
그것은 11월의 네 번째 목요일이야. 왜?

ticket tickets

[ˈtɪkɪt 티킷] 명 입장권, 표

Bill showed his ticket.
빌은 그의 표를 보여줬다.

tie ties / tied, tied, tying, ties

[taɪ 타이] 명 넥타이 동 묶다, 매다

Your tie is not straight.
네 넥타이가 비뚤어져 있다.

tiger tigers

['taɪgə(r) 타이거(ㄹ)] 몡 호랑이

A tiger is bigger than a cat.
호랑이는 고양이보다 크다.

till

[tɪl 틸] 젭 젭 ~까지

School keeps till four o'clock.
수업은 4시까지 있다.

time

[taɪm 타임] 몡 시간

I think it would be a nice time.
좋은 시간이 될 거야.

tiny

['taɪni 타이니] 혱 조그마한, 몹시 작은

The lady was looking at the tiny little boy.
그 부인은 몹시 작은 소년을 바라보고 있었다.

tip tips

[tɪp 팁] 몡 끝, 첨단. 팁

To eat, hold by tip of cone.
먹기 위해서 콘의 끝을 잡아라.

tire
tired, tired, tiring, tires / tires

[ˈtaɪə(r) 타이어(ㄹ)] 동 피로하게 하다, 피로하다 명 타이어

Her legs were beginning to tire.
그녀의 다리가 지치기 시작하고 있었다.

tired

[ˈtaɪərd 타이어ㄹ드] 형 피곤한

He became tired.
그는 피곤해졌다.

to

[tuː 투ː] 전 ~으로, ~까지

I want to go to England.
나는 영국에 가고 싶어.

toast

[toʊst 토우스트] 명 토스트, 구운 빵

I spread butter on a piece of toast.
난 토스트에 한 조각에 버터를 발랐습니다.

today

[təˈdeɪ 터데이] 명 부 오늘, 현재

Today is March 2nd.
오늘은 3월 2일이에요.

toe toes

[toʊ 토우] 몡 (사람의) 발가락

Damn! I hurt my toe!
제기랄! 발가락을 다쳤어!

together

[təˈgeðə(r) 터게더(ㄹ)] 뿐 함께

The girls work together.
그 소녀들은 함께 일한다.

tomato tomatoes

[təˈmeɪtoʊ 터메이토우] 몡 토마토

This fruit tastes like a tomato.
이 과일은 토마토 맛이 난다.

tomorrow

[təˈmɑroʊ 터마로우] 몡뿐 내일

We'll meet tomorrow.
내일 만나자.

tonight

[təˈnaɪt 터나잇] 몡뿐 오늘밤

What do you want to do tonight?
오늘밤 뭐 하고 싶어?

too

[tu: 투:] 및 또한, 너무

I like it, too.
나도 그걸 좋아해.

tooth teeth

[tu:θ 투:쓰] 및 이, 치아

I have a toothache.
이가 아파요.

toothbrush toothbrushes

['tu:θbrʌʃ 투:쓰브러쉬] 및 칫솔

Don't ever use my toothbrush again?
다시는 내 칫솔로 이 닦지 마?

top tops

[tɑ:p 타:압] 및 꼭대기 형 꼭대기의 ↔ bottom

Birds are on the top of the house.
새들이 집 꼭대기에 있다.

topic topics

['tɑ:pɪk 타:픽] 및 화제, 주제, 토픽

What is the topic of that story?
그 이야기의 주제는 무엇입니까?

touch
touched, touched, touching, touches

[tʌtʃ 터취] ⑧ 접촉하다, (손을) 대다

Don't touch me.
나를 건드리지 마라.

tourist
tourists

[ˈtʊərɪst 투어리스트] ⑲ 관광객, 여행자

I'm a tourist.
나는 관광객입니다.

toward

[təwɔ́:rd 터워:ㄹ드] ㉚ ~쪽으로, ~을 향하여

She was walking toward me.
그녀는 나를 향하여 걸어오고 있었다.

towel
towels

[ˈtaʊəl 타월] ⑲ 타월, 수건

Dry your hair with this towel.
이 수건으로 머리를 말리세요.

tower
towers

[ˈtaʊə(r) 타워(ㄹ)] ⑲ 탑, 타워

Have you ever visited the Seoul Tower?
서울타워에 가 본적 있니?

town _{towns}

[taʊn 타운] 몡 읍, 도시

They live in a small town.
그들은 작은 도시에 살고 있다.

toy _{toys}

[tɔɪ 토이] 몡 장난감

He has a toy truck.
그는 장난감 트럭을 가지고 있다.

track _{tracks}

[træk 트랙] 몡 (사람들이 걸어 다녀서 생긴) 길, 트랙

The car drifted off the track by a car crash.
그 차는 충돌로 길에서 벗어났다.

traditional

[trəˈdɪʃənl 트러디셔널] 혱 전설의; 전통의, 전통적인

Where can I see the traditional Korean dresses?
한국의 전통 의상을 어디서 볼 수 있지요?

traffic

[ˈtræfɪk 트래픽] 몡 교통(량), 통행

The traffic lights turned red.
교통 신호등이 빨간색으로 바뀌었다.

400

train trains

[treɪn 트레인] ⓜ 열차

I took the wrong train.
나는 열차를 잘못 탔다.

trainer trainers

[ˈtreɪnə(r) 트레이너(ㄹ)] ⓜ 길들이는 사람; 트레이너

I'm completely infatuated with my trainer.
나 완전히 내 트레이너한테 홀딱 반했어.

trash

[træʃ 트래쉬] ⓜ 쓰레기, 휴지

I put the garbage in the trash can.
쓰레기는 휴지통에 버렸다.

travel traveled, traveled, traveling, travels

[ˈtrævl 트레블] ⓜ 여행 ⓥ 여행하다

I like to travel by train.
나는 기차 여행을 좋아한다.

tree trees

[triː 트리:] ⓜ 나무

Apples fall off the tree.
사과들이 나무에서 떨어진다.

triangle triangles

['traɪæŋgl 트라이앵글] 몡 삼각형

The girl is drawing a triangle on the paper.
소녀는 종이 위에 삼각형을 그리고 있다.

trick tricks

[trɪk 트릭] 몡 속임수; (골탕을 먹이기 위한) 장난[농담], 트릭

He was aware that it was a trick.
그는 그것이 속임수인 줄 알고 있었다.

trip trips

[trɪp 트립] 몡 여행

Have a good trip!
즐거운 여행 되세요!

trouble troubles

['trʌbl 트러블] 몡 문제, 곤란, 골칫거리

The boy caused no end of trouble for his parents.
그 소년은 부모에게 많은 걱정거리를 안겨 주었다.

trousers

['traʊzərz 트라우저ㄹ즈] 몡 (남자의) 바지

I'm afraid the trousers are a bit short.
바지가 약간 짧은 것 같습니다.

truck trucks

[trʌk 트럭] 몡트럭, 화물차

The truck is behind the car.
트럭이 승용차 뒤에 있다.

true

[tru: 트루:] 혱참된, 진짜의

I think it is true.
그것은 사실이라고 생각해.

trumpet trumpets

['trʌmpɪt 트럼핏] 몡트럼펫

He has played the trumpet since he was five years old.
그는 다섯 살 때부터 트럼펫을 불었다.

truth

[tru:θ 트루:쓰] 몡진실, 사실 ↔ lie 거짓

I doubt the truth of the story.
그 이야기가 정말인지 아닌지 의심스럽다.

try tried, tried, trying, tries

[traɪ 트라이] 동노력하다, 시도하다

Let me try it again.
내가 그걸 다시 해 볼게요.

Tuesday

['tu:zdeɪ 튜:즈데이] 몡화요일

This year's Christmas is on Tuesday.
올해 크리스마스는 화요일이에요.

tub tubs

[tʌb 터브] 몡통, 물통

There were tubs of flowers on the balcony.
발코니에는 꽃을 심어 놓은 통들이 있었다.

tube tubes

[tu:b 튜:브] 몡관, 튜브

This is a tube of red paint.
이것은 빨간 그림물감이 든 튜브이다.

tulip tulips

['tu:lɪp 튜:울립] 몡튤립

The Netherlands is famous for tulips.
네덜란드는 튤립으로 유명하다.

windmill 풍차
['wɪndmɪl 윈드밀]

tunnel tunnels

['tʌnl 터늘] 몡 터널, 굴

The railroad passed through a long tunnel.
철로가 긴 터널을 통과하고 있다.

turn turned, turned, turning, turns

[tɜːrn 터ː ㄹ언] 동 돌리다, 회전시키다

Turn left at the crossing.
교차로에서 왼쪽으로 돌아라.

turtle turtles

['tɜːrtl 터ː ㄹ틀] 몡 바다거북

The rabbit had the heels of the turtle.
토끼는 거북이를 바짝 뒤쫓았다.

twice

[twaɪs 트와이스] 튀 두 번

I read the book twice.
나는 그 책을 두 번 읽었다.

twin twins

[twɪn 트윈] 몡 쌍둥이

I can't tell one twin from the other.
난 쌍둥이 한 명을 다른 한 명과 구분할 수가 없다.

two

[tuː 투ː] 몡 2, 둘

I only slept for two hours last night.
어젯밤에 단 2시간밖에 못 잤거든.

second 2번째
['sekənd 쎄컨드]

twelve 12
[twelv 트웰브]

twenty 20
['twenti 트웬티]

typhoon typhoons

[taɪ'fuːn 타이푸ː운] 몡 (특히 남중국해의) 태풍

The typhoon warning was canceled an hour ago.
태풍 경보는 한 시간 전에 해제되었다.

Uu

ugly

['ʌgli 어글리] 명 추한, 못생긴

He told me I was fat and ugly.
걔가 나한테 뚱뚱하고 못생겼다고 말했어.

umbrella umbrellas

[ʌmˈbrelə 엄브렐러] 명 우산

Take your umbrella with you.
우산을 가지고 가거라.

uncle uncles

[ˈʌŋkl 엉클] 명 삼촌, 아저씨

His uncle is a teacher.
그의 삼촌은 선생님이다.

under

[ˈʌndə(r) 언더(ㄹ)] 전 부 아래에 = above 위에

My doll is under the bed.
내 인형이 침대 밑에 있다.

understand
understood, understood, understanding, understands

[ˌʌndərˈstænd 언더ㄹ스탠드] 동 이해하다

This book is easy to understand.
이 책은 이해하기에 쉽다.

unhappy

[ʌnˈhæpi 언해피] 형 불행한, 슬픈 ↔ **happy**

She looked unhappy.
그녀는 불행해 보였다.

unique

[juˈniːk 유니ːㅋ] 형 하나밖에 없는, 독특한

I believe it is a unique one.
나는 이것이 특이하다고 생각해.

unite
united, united, uniting, unites

[juˈnaɪt 유ː나이트] 동 결합하다, 하나로 묶다

The only way is to unite and fight.
단결하여 싸우는 길밖에 없다.

universe

[ˈjuːnɪvɜːrs 유ː니버ːㄹ스] 명 (the ~) 우주

The number of stars in the universe is incalculable.
우주에 있는 별의 수는 셀 수 없을 정도로 많다.

① **Sun** 태양 [sʌn 썬]　② **Mercury** 수성 [ˈməːkjʊri 머ː큐리]　③ **Venus** 금성 [ˈviːnəs 비ː너스]　④ **Earth** 지구 [ɜːrθ 어ː르쓰]　⑤ **Mars** 화성 [mɑːrz 마ː르즈]

⑥ **Jupiter** 목성 [ˈdʒuːpɪtə(r) 쥬ː피터(르)]　⑦ **Saturn** 토성 [ˈsætɜːrn 쌔터르언]　⑧ **Uranus** 천왕성 [ˈjʊrənəs 유러너스]　⑨ **Neptune** 해왕성 [ˈneptjuːn 넵튜ː운]　⑩ **Pluto** 명왕성 [ˈpluːtoʊ 플루ː토우]

university universities

[ˌjuːnɪˈvɜːrsəti 유ː니버ː르써티] 몡 대학, 종합대학 <**college** 단과대학>

My brother goes to the university.
나의 오빠는 대학에 다닌다.

until

[ənˈtɪl 언틸] 젠 쩹 ~까지

He waited until rain stopped.
그는 비가 그칠 때까지 기다렸다.

up

[ʌp 업] ⑨ 위로 ↔ **down** 아래로

The moon is up.
달이 떴다.

upside down

[ˈʌpsaɪd daʊn 업싸이드 다운] ⑨ 거꾸로[뒤집혀]

The canoe was lying upside down on the beach.
그 카누는 뒤집힌 채 해변에 놓여 있었다.

us

[ʌs 어스] ⑪ 우리들을[에게] <**we**의 목적격>

Who is the prettiest of us all?
누가 우리 모두 중에서 가장 예쁘니?

use used, used, using, uses

[juːs 유ː스] 몡 사용 동 사용하다, 쓰다

Use your spoon, please.
숟가락을 사용하세요.

useful

[ˈjuːsfəl 유ː스펄] 혱 쓸모 있는, 유용한, 유익한 ↔ **useless** 쓸모 없는

This book is very useful for mothers.
이 책은 어머니들에게 아주 유용하다.

usual

[ˈjuːʒuəl 유ː쥬얼] 혱 보통의, 평소의

He arrived later than usual.
그는 여느 때보다 늦게 도착했다.

usually

[ˈjuːʒuəli 유ː쥬얼리] 뭔 보통, 흔히

He usually eats bread for breakfast.
그는 아침 식사로 흔히 빵을 먹는다.

Good morning ~

Vv

vacation

[veɪˈkeɪʃən 베이케이션] 몡 휴가

What will you do this vacation?
이번 방학 때 뭐 할 거니?

value

[ˈvæljuː 밸류ː] 몡 가치

This jewel is of great value.
이 보석은 대단히 가치가 높다.

van vans

[væn 밴] 몡 밴, 소형 화물자동차

The men are inside the van.
남자들은 밴 안에 있다.

vegetable vegetables

[ˈvedʒtəbl 베쥐터블] 몡 채소, 야채

She likes vegetable soup.
그녀는 야채수프를 좋아한다.

tomato 토마토
[təˈmeɪtoʊ 터메이토우]

garlic 마늘
[ˈgɑːrlɪk 갸:ㄹ알릭]

cucumber 오이
[ˈkjuːkʌmbə(r) 큐:컴버(ㄹ)]

potato 감자
[pəˈteɪtoʊ 퍼테이토우]

pumpkin 호박
[ˈpʌmpkɪn 펌킨]

spring onion 파
[sprɪŋ ˈʌnjən 스프링 어니언]

corn 옥수수
[kɔːrn 코:ㄹ온]

red pepper 빨간 피망
[red ˈpepə(r) 레드 페퍼(ㄹ)]

green pumpkin 애호박
[griːn ˈpʌmpkɪn 그리:인 펌킨]

cabbage 양배추
[ˈkæbɪdʒ 캐비쥐]

broccoli 브로콜리
[ˈbrɑːkəli 브라:컬리]

onion 양파
[ˈʌnjən 어년]

carrot 당근
[ˈkærət 캐럿]

V

413

very

['veri 베리] 📖 대단히, 몹시

Thank you very much.
대단히 감사합니다.

vest vests

[vest 베스트] 명 조끼

Wouldn't it be all right not to wear this life vest?
이 구명조끼 안 입으면 안 될까요?

video videos

['vɪdioʊ 비디오우] 명 비디오

They sell video tapes.
그들은 비디오 테이프를 판다.

village villages

['vɪlɪdʒ 빌리쥐] 명 마을

They looked around the village.
그들은 마을을 둘러보았다.

violet violets

['vaɪələt 바이얼럿] 명 바이올렛, 보랏빛

My tongue turned violet from eating grapes.
포도를 먹었더니 혓바닥이 보라색으로 변했다.

violin violins

[ˌvaɪəˈlɪn 바이얼린] 똉 바이올린

Henry is playing the violin.
헨리는 바이올린을 연주하고 있다.

visit visited, visited, visiting, visits

[ˈvɪzɪt 비지트] 똉 방문하다

In the evenings, friends would visit.
저녁에는 친구들이 방문하곤 했다.

voice voices

[vɔɪs 보이스] 똉 목소리

She sings in a sweet voice.
그녀는 아름다운 목소리로 노래한다.

volcano volcanos

[vɑːlˈkeɪnoʊ 바ː알케이노우] 똉 화산

The volcano is active.
그 화산은 활동 중이다.

volleyball

[ˈvɑːlibɔːl 바ː알리보ː올] 똉 배구

I am going to play volleyball with my classmates.
나는 우리 반 친구들과 배구를 할 거야.

Ww

wagon wagons

['wægən 왜건] 몡 4륜차, 왜건; 짐마차(네 바퀴로 보통 2필 이상의 말이 끄는)

I have never seen a wagon drawn by horses.
나는 말이 끄는 짐마차를 본 적이 없다.

wait waited, waited, waiting, waits

[weɪt 웨이트] 동 기다리다

Wait a minute.
잠시 기다려라.

waiter waiters

['weɪtə(r) 웨이터(ㄹ)] 몡 (호텔·음식점 따위의) 웨이터 ↔ **waitress** 웨이트리스

A waiter came up to the table.
웨이터가 테이블로 다가왔다.

wake woke, woken, waking, wakes

[weɪk 웨이크] 동 잠이 깨다

Don't wake up the baby.
아기를 깨우지 마라.

walk walked, walked, walking, walks

[wɔːk 워:크] 图 걷다

Do not walk so fast.
그렇게 빨리 걷지 말아라.

fast

slow

wall walls

[wɔːl 워:얼] 图 담, 벽

The wall is high.
그 벽은 높다.

want wanted, wanted, wanting, wants

[wɔːnt; wɑːnt 워:언트; 와:안트] 图 원하다

Plants want water.
식물은 물이 필요하다.

war wars

[wɔː(r) 워:(ㄹ)] 图 전쟁 ↔ **peace** 평화

The war is over.
전쟁이 끝나다.

warm

[wɔːrm 워:ㄹ엄] 图 따뜻한 ↔ **cold** 추운

Spring is warm.
봄은 따뜻하다.

warp
warped, warped, warping, warps

[wɔːrp 워ː르프] 동 (목재 등을) 휘게 하다, 뒤틀다, 구부리다

The window frames had begun to warp.
창틀이 틀어지기 시작하고 있었다.

was

[wɑːz; wəz 와ː즈; 워즈] 동 be의 제1·3인칭단수 과거

It was such a lovely day yesterday.
어제는 참으로 좋은 날씨였다.

wash
washed, washed, washing, washes

[wɑːʃ; wɔːʃ 와ː쉬; 워ː쉬] 동 씻다

Wash your hands before you eat.
먹기 전에 손을 씻어라.

wasp
wasps

[wɑːsp; wɔːsp 와ː스프; 워ː스프] 명 말벌

I was stung on the arm by a wasp.
나는 말벌에게 팔을 쏘였다.

waste
wasted, wasted, wasting, wastes

[weɪst 웨이스트] 동 낭비하다

Don't waste your money.
돈을 낭비하지 말아라.

watch watches / watched, watched, watching, watches

[wɑːtʃ; wɔːtʃ 와:취; 워:취] 몡 손목시계 동 지켜보다

This watch is exact.
이 시계는 정확하다.

water

['wɔːtə(r) 워:터(ㄹ)] 몡 물

I'll fetch you a glass of water.
물 한 컵 가져다 줄게.

wave waves

[weɪv 웨이브] 몡 물결, 파도

The waves are very high today.
오늘은 파도가 높다.

way ways

[weɪ 웨이] 몡 길, 방법

The way is blocked.
길이 막혀 있다.

we

[wiː 위:] 때 우리, 우리들

We're painting the walls.
우리는 벽에 페인트를 칠하고 있어요.

weak

[wiːk 위ː크] 혱 약한 ↔ **strong** 강한

He is weak in grammar.
그는 문법에 약하다.

wear wore, worn, wearing, wears

[weə(r) 웨어(ㄹ)] 동 입다, 쓰다, 착용하다

I wear glasses.
나는 안경을 쓴다.

weather

[ˈweðə(r) 웨더(ㄹ)] 몡 날씨

Weather keeps fine.
좋은 날씨가 계속되고 있다.

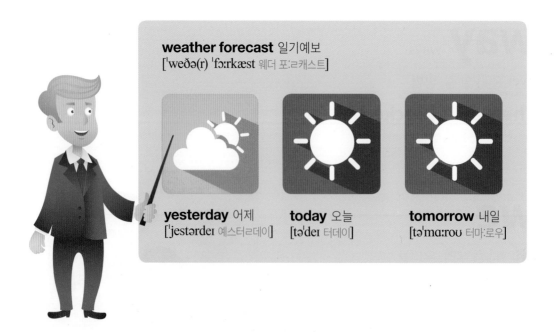

weather forecast 일기예보
[ˈweðə(r) ˈfɔːrkæst 웨더 포ː르캐스트]

yesterday 어제
[ˈjestərdeɪ 예스터르데이]

today 오늘
[təˈdeɪ 터데이]

tomorrow 내일
[təˈmɑːroʊ 터마ː로우]

sun 썬
[sʌn 썬]

cloud 구름
[klaʊd 클라우드]

rain 비
[reɪn 레인]

snow 눈
[snoʊ 스노우]

wind 바람
[wɪnd 윈드]

thunder 번개
[ˈθʌndə(r) 썬더(ㄹ)]

typhoon 태풍
[taɪˈfuːn 타이푸ː운]

rainbow 무지개
[ˈreɪnboʊ 레인보우]

rain coat 비옷
[reɪn koʊt 레인 코우트]

umbrella 우산
[ʌmˈbrelə 엄브렐러]

rain boots 장화
[reɪn buːts 레인 부ː츠]

Wednesday

['wenzdeɪ 웬즈데이] 똉 수요일

He came here last Wednesday.
그는 지난 수요일에 여기에 왔다.

week weeks

[wi:k 위:크] 똉 주, 1주간

We meet once a week.
우리는 일주일에 한 번 만난다.

weight

[weɪt 웨이트] 똉 무게, 몸무게, 중량

What is the weight of this baggage?
이 짐의 무게는 얼마나 됩니까?

welcome

['welkəm 웰컴] 똉 환영받는 깜 어서 오십시오!

Welcome to my house.
우리 집에 오신 것을 환영합니다.

well

[wel 웰] 뷰 상당히, 잘

This knife cuts well.
이 칼은 잘 든다.

were

[wɜ:(r) 워:(ㄹ)] 동 be의 과거(2인칭에서는 단수, 복수 동일)

I didn't think you were like that.
널 그렇게 안 봤는데 실망이구나.

There were no lessons.
수업이 없었다.

west

[west 웨스트] 명 서쪽 형 서쪽의 ↔ **east** 동쪽

The sun sets in the west.
해는 서쪽으로 진다.

wet

[wet 웻] 형 젖은 ↔ **dry** 마른

The floor is wet.
마룻바닥이 젖었어요.

whale whales

[weɪl 웨일] 명 고래

A whale is the largest animal in the world.
고래는 세상에서 가장 큰 동물이다.

what

[wɑːt; wʌt 와ː앗; 웟] ㉢무엇

What happened?
무슨 일이 있었니?

wheel wheels

[wiːl 위ː일] ㈜수레바퀴, 핸들

A wheel turns on its axis.
바퀴는 축을 중심으로 돈다.

when

[wen 웬] ㉦언제 ㉧~할 때

When will your sister be at home?
언제 너의 언니가 집에 들어오니?

where

[weə(r) 웨어(ㄹ)] ㉦어디에

Where shall we meet?
우리 어디서 만날까요?

which

[wɪʃ 위취] ㉢어느 쪽 ㉲어느 쪽의

Which is your book?
어느 것이 네 책이니?

while

[waɪl 와일] 접 ~하는 동안

They arrived while we were having dinner.
우리가 저녁을 먹고 있는 동안에 그들이 도착했다.

whisper whispered, whispered, whispering, whispers

[ˈwɪspə(r) 위스퍼(ㄹ)] 동 속삭이다

Don't you know it's rude to whisper?
귓속말을 하는 것은 예의 없는 짓이란 걸 모르니?

whistle whistles

[ˈwɪsl 위슬] 명 휘파람, 호각, 호루라기

The referee finally blew the whistle to stop the game.
심판이 마침내 호각을 불어 경기를 중단시켰다.

white

[waɪt 와이트] 명 백색 형 흰 ↔ black 검은

Flour is as white as snow.
밀가루는 눈처럼 하얗다.

who

[huː 후:] 대 누구, 어느 사람

Who is that?
저 애는 누구야?

whole

[houl 호울] 혱 모든, 전체의

I want to eat a whole cake.
케이크를 통째로 다 먹고 싶다.

whose

[hu:z 후:즈] 떼 누구의 것

Whose pencil is this?
이 연필은 누구의 거야?

why

[waɪ 와이] 閉 왜

Why are you in a hurry?
왜 그리 서두르니?

wide

[waɪd 와이드] 혱 넓은 ↔ narrow 좁은

She has a wide brow.
그녀는 이마가 넓다.

wife wives

[waɪf 와이프] 몡 아내, 부인 ↔ husband 남편

Bring your wife and children, too.
부인과 아이들도 데려 오세요.

wild

[waɪld 와일드] 형 야생의

Wild flowers were growing in the garden.
정원에는 야생화가 자라고 있었다.

will

[wɪl 윌] 조 ~할 것이다

This will be right.
이게 맞을 거야.

● 미래형 will

미래형에는 조동사 will이나 be going to(~일 것이다, ~이겠다)를 사용해요. 미래의 일은 지금부터 단 1초 뒤의 일이라도 미래형으로 말해야 하며 간단하게 will을 쓰면 미래를 나타내는 문장이 돼죠. will 뒤에는 항상 동사의 원형이 온다는 것을 기억해요.
- 시간이 지나면 자연스럽게 일어날 일 → ~일 것이다
- 주어의 의도, 결심 등 → ~할 작정이다

win <small>won, won, winning, wins</small>

[wɪn 윈] 동 이기다 ↔ **lose** 지다

Jenny will win easily.
제니가 쉽게 이길 거야.

wind

[wɪnd 윈드] 명 바람

The wind is blowing.
바람이 불고 있다.

window windows

['wɪndoʊ 윈도우] 몡 창문

Please shut the window.
창문을 닫아주십시오.

wing wings

[wɪŋ 윙] 몡 날개

A butterfly has wings.
나비는 날개를 가지고 있다.

wink winked, winked, winking, winks

[wɪŋk 윙크] 동 눈을 깜박이다, 윙크하다

She winked at him.
그녀는 그에게 윙크를 했다.

winter

['wɪntə(r) 윈터(ㄹ)] 몡 겨울

Spring follows winter.
봄은 겨울 다음에 온다.

wise

[waɪz 와이즈] 혱 현명한, 슬기로운 ↔ **foolish**

He is a wise man.
그는 현명한 사람이다.

wish
wished, wished, wishing, wishes

[wɪʃ 위쉬] ⑤ 가능성이 낮거나 불가능한 일을 바라며 '…이면 좋겠다'고 생각함을 나타냄

I wish I were a bird.
나는 새라면 좋겠다.

with

[wɪð; wɪθ 위드; 위쓰] ⑳ ~와 함께

He goes with anyone.
그는 누구와도 잘 어울린다.

without

[wɪˈðaʊt 위다웃] ⑳ ~없이, ~하지 않고

We can't live without water.
우리는 물 없이는 살 수 없다.

woman
women

[ˈwʊmən 우먼] ⑲ 여자 ↔ **man** 남자

That woman is tall.
저 여자는 키가 크다.

wonder

[ˈwʌndə(r) 원더(ㄹ)] ⑲ 놀라움

It is a wonder.
그것은 놀라운 일이다.

wonderful

['wʌndərfl 원더ㄹ플] 형훌륭한, 멋진

We are having a wonderful time.
우리는 아주 멋진 시간을 보내고 있습니다.

wood woods

[wʊd 우드] 명나무

The table is made of wood.
그 식탁은 나무로 만든 것이다.

wool wools

[wʊl 울] 명양털, 털실, 모직물

This blanket is made of wool.
이 담요는 양털로 만들어졌다.

word words

[wɜːrd 워:ㄹ드] 명낱말, 단어

He left us without a word.
그는 말 한마디 없이 우리를 떠났다.

work worked, worked, working, works

[wɜːrk 워:ㄹ크] 명일 동일하다

We work together.
우리는 같이 일해요.

worker workers

['wɜːrkə(r) 워ː근커(근)] 몡 일하는 사람, 일꾼, 노동자

The workers are resting now.
일꾼들은 지금 쉬고 있다.

world

[wɜːrld 워ː근얼드] 몡 세계

They traveled around the world.
그들은 세계를 두루 여행했다.

camel 낙타
['kæməl 캐멀]

worried

['wɜːrid 워ː리드] 휑 걱정스러운

I've been worried about you!
난 네가 걱정돼서 그래!

worry
worried, worried, worrying, worries

['wɜːri 워:리] 图 걱정하다, 걱정시키다

Don't worry. We have plenty of time.
걱정하지 마. (우리에게) 시간은 충분해.

worse

[wɜːrs 워:ㄹ스] 웹 <bad, ill의 비교급> 더 나쁜 ↔ **better** 더 좋은

She got worse this morning.
오늘 아침 그녀의 병세는 더욱 악화되었다.

worst

[wɜːrst 워:ㄹ스트] 웹 <bad, ill의 최상급> 가장 나쁜 ↔ **best**

He is the worst boy in our class.
그는 우리 반에서 가장 나쁜 학생이다.

would

[wʊd 우드] 图 <will의 과거형> ❶ ~할 것이다 ❷ ~하고 싶다

I would like to go with you.
나는 너하고 같이 가고 싶다.

He said that he would come today.
그는 오늘 올 거라고 했다.

write wrote, written, writing, writes

[raɪt 라잇] 통 쓰다

He cannot read or write.

그는 읽을 줄도 쓸 줄도 모른다.

writer writers

['raɪtə(r) 라이터(ㄹ)] 명 작가, 저자

Andersen is famous as a writer of fairy stories.

안데르센은 동화 작가로 유명하다.

Hans Christian Andersen

The Ugly Duckling
미운 오리 새끼

The Little Match Girl
성냥팔이 소녀

The Little Mermaid
인어공주

wrong

[rɔːŋ 로:옹] 형 나쁜, 틀린 ↔ right 옳은, 바른

You answered wrong.

네 대답은 틀렸어.

Xx

X-ray

[ˈeks reɪ 엑스 레이] 몡 엑스레이

How did my X-ray turn out?
제 엑스레이 결과가 어떻게 나왔습니까?

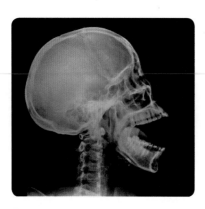

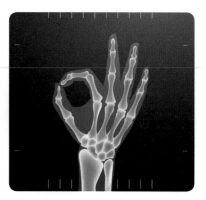

xylophone xylophones

[ˈzaɪləfoʊn 자일러포운] 몡 실로폰

Xylophone begins with (an) X.
실로폰은 X로 시작된다.

Yy

yacht yachts

[jɑːt 야ː트] 몡 요트

The yacht is on the water.
요트가 물 위에 있다.

yard yards

[jɑːrd 야ː르드] 몡 안마당, 뜰

He is working in the yard.
그는 마당에서 일을 하고 있다.

yawn yawned, yawned, yawning, yawns

[jɔːn 요ː온] 동 하품하다

He stood up, stretched and yawned.
그가 일어서서 기지개를 켜며 하품을 했다.

yeah

[jeə 예어] 凰 응, 그래 <찬성/긍정>

Yeah, why not?
그러게, 안 될 것 없지?

year years

[jɪə(r) 이어(ㄹ)] 몡 해, 년

We meet once a year.
우리는 1년에 한 번 만나.

yellow

[ˈjeloʊ 옐로우] 몡 노랑 휑 노란색의

His raincoat is yellow.
그의 비옷은 노란색이다.

yes

[jes 예스] 뷔 예, 응<대답> ↔ **no** 아니오

Yes, I'm fine.
네, 괜찮아요.

yesterday

[jestərdeɪ 예스터ㄹ데이] 몡 뷔 어제

We played baseball yesterday.
우리는 어제 야구를 했다.

yet

[jet 옛] 뷔 아직

He is yet alive.
그는 아직도 살아 있다.

you

[ju: 유:] 때 당신, 당신들

You look good.
너 좋아 보인다.

young

[jʌŋ 영] 형 젊은, 어린 ↔ **old** 나이 든

He is young, clever, and rich too.
그는 젊고 영리한 데다가 부자이기도 해.

your

[jə(r) 유어(ㄹ)] 때 당신의, 당신들의; 너의, 너희들의 <**you**의 소유격>

How far is it to your school?
너의 학교까지 얼마나 머니?

yours

[jərz 유어ㄹ즈] 때 당신의 것 <**you**의 소유대명사>

I don't have a pen. Could I borrow yours?
펜이 없는데, 좀 빌려 줄래?

Zz

zebra zebras

[ˈziːbrə; ˈzebrə 지:브러; 제브러] 몡 얼룩말

The lion sprang out at a zebra.
사자가 얼룩말에게 달려들었다.

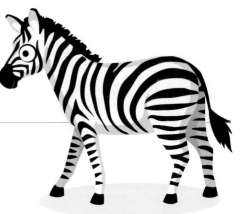

zero zeros

[ˈzɪroʊ; ˈziːroʊ 지로우; 지:로우] 몡 영[0]

I got zero in science.
나는 과학에서 영점을 받았다.

zigzag zigzags

[ˈzɪgzæg 지그재그] 몡 지그재그

The children run in zigzags in the playground.
아이들은 운동장을 지그재그로 달린다.

zip zips / zipped, zipped, zipping, zips

[zɪp 집] 몡 지퍼(zipper) 동 지퍼로 잠그다

I can't zip the bag because it is stuck.
지퍼가 끼여서[고장이 나서] 가방을 잠글 수가 없어요.

zone zones

[zoʊn 조운] 몡 지역, 구역(존)

There is an English Zone at the school.
학교에는 영어 구역이 있다.

zoo zoos

[zu: 주:] 몡 동물원

I saw a lion in the zoo.
나는 동물원에서 사자를 보았다.

zoom zoomed, zoomed, zooming, zooms

[zu:m 주:움] 동 붕[쌩/휭] 하고 가다

Traffic zoomed past us.
차들이 쌩 하고 우리를 지나갔다.

be동사 am, ar, is 사용법

✹ 주어가 단수(한 사람/하나)일 때

나	I	am	happy.	나는 행복하다.
당신	You	are	tall.	너는 키가 크다.
나·당신 이외의 사람과 물건	He		busy.	그는 바쁘다.
	She		pretty.	그녀는 귀엽다.
	It		a desk.	그것은 책상이다.
	Tom	is	a singer.	톰은 가수이다.
	Mary		a teacher.	메리는 선생이다.
	My father		a doctor.	나의 아버지는 의사이다.
	This		my bag.	이것은 내 가방이다.
	Our dog		white.	우리 개는 하얗다.
	Your house		big.	당신의 집은 크다.

✹ 주어가 복수(두 사람/두 개 이상)일 때

우리들	We		happy.	우리는 행복하다.
당신들	You		tall.	당신들은 키가 크다.
나·당신 이외의 사람들과 물건	They		busy.	그들은 바쁘다.
	Tom and Mary		singers.	톰과 메리는 가수이다.
	My parents	are	teachers.	나의 부모는 선생님이다.
	Those		elephants.	그것들은 코끼리이다.
	Her dogs		cute.	그녀의 개는 귀엽다.
	These apples		sweet.	이 사과들은 달다.

* am, are, is는 'be동사'라고 하는 동사의 활용형으로 영어에는 두 가지 동사 형태가 있어요. 하나는 위의 'be동사'이고, 다른 하나는 동작이나 작용, 상태를 나타내는 '일반동사'가 있죠.

Be quiet!
조용히!

✱ 단수(한 사람/하나)일 때

	~은(는)	~의	~을(를)	~의 것
나	I	my	me	mine
당신	you	your	you	yours
그	he	his	him	his
그녀	she	her	her	hers
그것	it	its	it	—

✱ 복수(두 사람/두 개 이상)일 때

	~은(는)	~의	~을(를)	~의 것
우리들	we	our	us	ours
당신들	you	your	you	yours
그들	they	their	them	theirs
그녀들				
그것들				

✱ 참고

	~은(는)	~의	~을(를)	~의 것
Tom	Tom	Tom's	Tom	Tom's
Mary	Mary	Mary's	Mary	Mary's

* '~은(는)'은 주격, '~의'는 소유격, '~을(를)'은 목적격, '~의 것'은 소유대명사라고 해요.

Whose pen is that?
저건 누구 펜이야?

It's mine.
내 것이야.

동사의 불규칙 변화형

① A - A - A 형

현재형	과거형	과거분사	의미
cast	cast	cast	던지다
cost	cost	cost	비용이 들다
cut	cut	cut	자르다
hit	hit	hit	치다
hurt	hurt	hurt	상처를 입히다
let	let	let	시키다
put	put	put	놓다
set	set	set	두다
shut	shut	shut	닫다
upset	upset	upset	뒤엎다
bet	bet	bet	내기하다

② A - B - A 형

현재형	과거형	과거분사	의미
become	became	become	~이 되다
come	came	come	오다
run	ran	run	달리다

③ A - A - B 형

현재형	과거형	과거분사	의미
beat	beat	beaten	때리다

④ A - B - B 형

현재형	과거형	과거분사	의미
bend	bent	bent	구부리다
bring	brought	brought	가져오다
buy	bought	bought	사다
catch	caught	caught	잡다
deal	dealt	dealt	다루다
feed	fed	fed	먹이를 주다

feel	felt	felt	느끼다
fight	fought	fought	싸우다
hear	heard	heard	듣다
hold	held	held	잡다, 손에 들다
keep	kept	kept	지키다
lead	led	led	이끌다
leave	left	left	떠나다
lend	lent	lent	빌려주다
lose	lost	lost	잃다
mean	meant	meant	의미하다
meet	met	met	만나다
pay	paid	paid	지불하다
say	said	said	말하다
seek	sought	sought	찾다, 구하다
sell	sold	sold	팔다
shoot	shot	shot	쏘다
sleep	slept	slept	잠자다
spend	spent	spent	소비하다
spin	spun	spun	돌다
stand	stood	stood	서다
stick	stuck	stuck	찌르다
strike	struck	struck	치다
teach	taught	taught	가르치다
think	thought	thought	생각하다
win	won	won	이기다

⑤ A - B - C 형

현재형	과거형	과거분사	의 미
begin	began	begun	시작하다
bite	bit	bitten	물다
blow	blew	blown	불다
break	broke	broken	부수다

choose	chose	chosen	고르다
draw	drew	drawn	끌다
drink	drank	drunk	마시다
drive	drove	driven	운전하다
eat	ate	eaten	먹다
fly	flew	flown	날다
forget	forgot	forgotten	잊다
freeze	froze	frozen	얼다
grow	grew	grown	성장하다
hide	hid	hidden	숨기다
know	knew	known	알다
ride	rode	ridden	타다
ring	rang	rung	울리다
rise	rose	risen	오르다
shake	shook	shaken	흔들다
show	showed	shown	보이다
sing	sang	sung	노래하다
sink	sank	sunk	가라앉다
speak	spoke	spoken	말하다
steal	stole	stolen	훔치다
swim	swam	swum	수영하다
throw	threw	thrown	던지다
wear	wore	worn	입다
write	wrote	written	쓰다

⑥ 혼동하기 쉬운 불규칙동사

현재형	과거형	과거분사	의 미
bind	bound	bound	묶다
bound	bounded	bounded	되튀다
fall	fell	fallen	떨어지다, 쓰러지다
fell	felled	felled	쓰러뜨리다
find	found	found	발견하다

found	founded	founded	세우다, 창립하다
fly	flew	flown	날다
flow	flowed	flowed	흐르다
lie	lay	lain	눕다
lie	lied	lied	거짓말하다
lay	laid	laid	눕히다
sit	sat	sat	앉다
set	set	set	두다
wind	wound	wound	감다
wound	wounded	wounded	상처를 입히다
welcome	welcomed	welcomed	환영하다
overcome	overcame	overcome	이겨내다, 극복하다
bear	bore	borne	참다
bear	bore	born	낳다
bid	bade	bidden	명령하다, 말하다
bid	bid	bid	값을 매기다
hang	hung	hung	걸다
hang	hanged	hanged	교수형에 처하다

영어의 단축형

① -n't

aren't	←	are not	isn't	←	is not
wasn't	←	was not	weren't	←	were not
don't	←	do not	doesn't	←	does not
didn't	←	did not	can't	←	can not, cannot
mustn't	←	must not	won't	←	will not
haven't	←	have not	hasn't	←	has not
couldn't	←	could not	shouldn't	←	should not
hadn't	←	had not			

② -'m

I'm	←	I am

③ -'re

you're	←	you are	we're	←	we are
they're	←	they are			

④ -'s

he's	←	he is, he has	she's	←	she is, she has
it's	←	it is, it has	that's	←	that is, that has
here's	←	here is	there's	←	there is
what's	←	what is	who's	←	who is
where's	←	where is	how's	←	how is

⑤ -'ll

I'll	←	I will	you'll	←	you will
he'll	←	he will	it'll	←	it will
we'll	←	we will	they'll	←	they will
that'll	←	that will	there'll	←	there will

⑥ -'ve

I've	←	I have	you've	←	you have
we've	←	we have	they've	←	they have

⑦ -'d

I'd	←	I would, I should, I had
you'd	←	you would, you had
he'd	←	he would, he had
we'd	←	we would, we should, we had

영어시험 만점받는

초등영어
학습영단어
1700

암기노트

잘 모르는 단어는 암기노트에 체크하여
몇 번이고 반복해서 암기하세요~^^~

LanCom
Language & Communication

영어시험 만점받는

초등영어
학습영단어
1700
암기노트

NAME _____

잘 모르는 단어는 암기노트에 체크하여
몇 번이고 반복해서 암기하세요~^^~

LanCom
Language & Communication

VOCABULARY

WORD	MEANING
●	
●	
●	
●	
●	
●	
●	
●	
●	
●	
●	
●	
●	
●	
●	

WORD	MEANING
●	
●	
●	
●	
●	
●	
●	
●	
●	
●	
●	
●	
●	
●	

VOCABULARY

WORD	MEANING		WORD	MEANING

VOCABULARY

WORD	MEANING
●	
●	
●	
●	
●	
●	
●	
●	
●	
●	
●	
●	
●	
●	
●	

WORD	MEANING
●	
●	
●	
●	
●	
●	
●	
●	
●	
●	
●	
●	
●	
●	

VOCABULARY

WORD	MEANING	WORD	MEANING

VOCABULARY

WORD	MEANING

WORD	MEANING

VOCABULARY

MONTH_____ DAY_____

WORD	MEANING

WORD	MEANING

VOCABULARY

WORD	MEANING	WORD	MEANING

VOCABULARY

WORD	MEANING		WORD	MEANING

VOCABULARY

WORD	MEANING		WORD	MEANING

VOCABULARY

WORD	MEANING

WORD	MEANING

VOCABULARY

WORD	MEANING
●	
●	
●	
●	
●	
●	
●	
●	
●	
●	
●	
●	
●	
●	

WORD	MEANING
●	
●	
●	
●	
●	
●	
●	
●	
●	
●	
●	
●	
●	

VOCABULARY

WORD	MEANING

WORD	MEANING

VOCABULARY

WORD	MEANING		WORD	MEANING

VOCABULARY

MONTH_____ DAY_____

WORD	MEANING

WORD	MEANING

VOCABULARY

WORD	MEANING	WORD	MEANING
●		●	
●		●	
●		●	
●		●	
●		●	
●		●	
●		●	
●		●	
●		●	
●		●	
●		●	
●		●	
●		●	
●		●	
●		●	

VOCABULARY

WORD	MEANING	WORD	MEANING

VOCABULARY

WORD	MEANING

WORD	MEANING

VOCABULARY

WORD	MEANING	WORD	MEANING

VOCABULARY

MONTH_____ DAY_____

WORD	MEANING	WORD	MEANING
●		●	
●		●	
●		●	
●		●	
●		●	
●		●	
●		●	
●		●	
●		●	
●		●	
●		●	
●		●	
●		●	
●		●	
●		●	

VOCABULARY

WORD	MEANING

WORD	MEANING

VOCABULARY

WORD	MEANING	WORD	MEANING

VOCABULARY

WORD	MEANING

WORD	MEANING

VOCABULARY

WORD	MEANING	WORD	MEANING
●		●	
●		●	
●		●	
●		●	
●		●	
●		●	
●		●	
●		●	
●		●	
●		●	
●		●	
●		●	
●		●	
●		●	
●		●	

VOCABULARY

WORD	MEANING

WORD	MEANING

VOCABULARY

WORD	MEANING
●	
●	
●	
●	
●	
●	
●	
●	
●	
●	
●	
●	
●	
●	

WORD	MEANING
●	
●	
●	
●	
●	
●	
●	
●	
●	
●	
●	
●	
●	
●	

VOCABULARY

WORD	MEANING	WORD	MEANING

VOCABULARY

MONTH_____ DAY_____

WORD	MEANING
●	
●	
●	
●	
●	
●	
●	
●	
●	
●	
●	
●	
●	
●	

WORD	MEANING
●	
●	
●	
●	
●	
●	
●	
●	
●	
●	
●	
●	
●	

VOCABULARY

WORD	MEANING		WORD	MEANING

VOCABULARY

MONTH_____ DAY_____

WORD	MEANING

WORD	MEANING

VOCABULARY

MONTH_____ DAY_____

WORD	MEANING	WORD	MEANING

VOCABULARY

MONTH_____ DAY_____

WORD	MEANING
●	
●	
●	
●	
●	
●	
●	
●	
●	
●	
●	
●	
●	
●	

WORD	MEANING
●	
●	
●	
●	
●	
●	
●	
●	
●	
●	
●	
●	
●	
●	

VOCABULARY

WORD	MEANING	WORD	MEANING

VOCABULARY

MONTH_____ DAY_____

WORD	MEANING
●	
●	
●	
●	
●	
●	
●	
●	
●	
●	
●	
●	
●	
●	

WORD	MEANING
●	
●	
●	
●	
●	
●	
●	
●	
●	
●	
●	
●	
●	
●	

VOCABULARY

WORD	MEANING		WORD	MEANING

VOCABULARY

MONTH_____ DAY_____

WORD	MEANING
●	
●	
●	
●	
●	
●	
●	
●	
●	
●	
●	
●	
●	
●	

WORD	MEANING
●	
●	
●	
●	
●	
●	
●	
●	
●	
●	
●	
●	
●	

VOCABULARY

WORD	MEANING		WORD	MEANING

VOCABULARY

WORD	MEANING

WORD	MEANING

VOCABULARY

WORD	MEANING

WORD	MEANING

VOCABULARY

WORD	MEANING
●	
●	
●	
●	
●	
●	
●	
●	
●	
●	
●	
●	
●	
●	

WORD	MEANING
●	
●	
●	
●	
●	
●	
●	
●	
●	
●	
●	
●	
●	
●	

MONTH_____ DAY_____

WORD	MEANING

WORD	MEANING

VOCABULARY

WORD	MEANING	WORD	MEANING

VOCABULARY

MONTH_____ DAY_____

WORD	MEANING

WORD	MEANING

VOCABULARY

WORD	MEANING	WORD	MEANING
●		●	
●		●	
●		●	
●		●	
●		●	
●		●	
●		●	
●		●	
●		●	
●		●	
●		●	
●		●	
●		●	
●		●	

VOCABULARY

WORD	MEANING	WORD	MEANING

VOCABULARY

WORD	MEANING

WORD	MEANING

VOCABULARY

MONTH_____ DAY_____

WORD	MEANING

WORD	MEANING

영어시험 만점받는 초등영어 학습영단어 1700

사이먼 미국교과서
100에서 900 시리즈

DR. SIMON'S
MAGIC ENGLISH

대치동, 기적의 초등영어
영단어 1800 시리즈

대치동, 기적의 초등영어
통문장 1800 시리즈

LanCom
Language & Communication